禪으로 읽는 반야심경

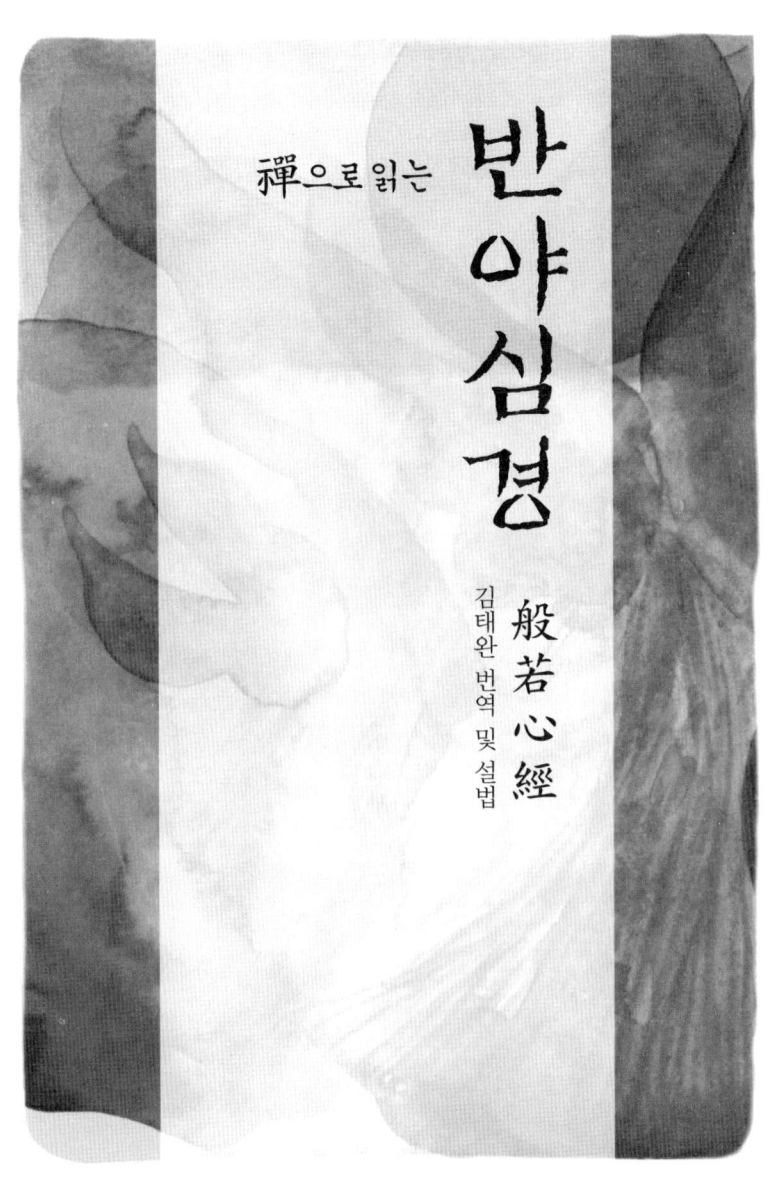

禪으로 읽는
반야심경

般若心經

김태완 번역 및 설법

침묵의 향기

차례

반야바라밀다심경의 노래 ... 7
반야심경에 대하여 ... 11

반야바라밀다심경 전문 ... 13

첫 번째 법문 ... 17
두 번째 법문 ... 39
세 번째 법문 ... 61
네 번째 법문 ... 85
다섯 번째 법문 ... 107
여섯 번째 법문 ... 127
일곱 번째 법문 ... 151
여덟 번째 법문 ... 175

반야바라밀다심경의 노래

여기
한 물건이 있으니
색이기도 하고 공이기도 하며
색도 아니고 공도 아니다.

색은 색대로
생겨나고 사라지면서
무한히 변화하지만,
공은 공대로
생겨나지도 않고 사라지지도 않고
처음도 그대로 끝도 그대로이다.

그러므로
생겨나면서 생겨나지 않고
생겨나지 않으면서 생겨나며

사라지면서 사라지지 않고
사라지지 않으면서 사라지니,
변화하면서 늘 그대로이고
늘 그대로이면서 무한히 변화한다.

색이니
눈으로 색깔을 보고
귀로 소리를 듣고
코로 냄새를 맡고
혀로 맛을 보고
몸으로 촉감을 느끼고
의식으로 생각하지만,
공이니
눈도 없고 색깔도 없고
귀도 없고 소리도 없고
코도 없고 냄새도 없고
혀도 없고 맛도 없고
몸도 없고 촉감도 없고
의식도 없고 생각도 없다.

색이니
태어나고
늙고

병들고
죽지만,
공이니
태어남이 없고
늙음이 없고
병듦이 없고
죽음이 없다.

색이니
번뇌도 있고
해탈도 있고
어리석음도 있고
깨달음도 있지만,
공이니
번뇌도 없고
해탈도 없고
어리석음도 없고
깨달음도 없다.

색이기도 하고 공이기도 하니
얻을 것이 없고,
색도 아니고 공도 아니니
버릴 것이 없다.

이 한 물건이 무엇인가?

가을 하늘이 새파란데
흰구름이 점점이 떠 있고
소풍 가는 어린아이들은
조잘조잘 떠드는구나.

반야심경에 대하여

 이 책에서 사용한 반야심경은 당(唐)나라 때 현장(玄奘)이 649년에 황제의 조칙을 받고 종남산(終南山) 취미궁(翠微宮)에서 번역한 것으로서, 산스크리트 제목은 프라기야파라미타흐리다야수트라(Prajñāpāramitāhṛdayasūtra)이고, 한역(漢譯) 제목은 반야바라밀다심경(般若波羅蜜多心經)이다. 줄여서 『반야심경(般若心經)』, 『심경(心經)』이라고 한다. 1권.

 반야심경은 우리나라뿐 아니라 중국과 일본에서도 가장 많이 독송(讀誦)되는 불교 경전이다. 본래 인도의 산스크리트로 전해 오던 것이 여러 나라에 퍼지면서 다양하게 전파되었다. 반야심경은 반야(般若)의 공(空)을 말하는 6백 권 『대반야경(大般若經)』의 정수를 간추린 것으로, 불교의 법회나 의식에서 널리 독송되는 경전이다. 반야심경은 전문(全文) 14행(行) 총 260자(字)의 작은 경이나, 『대반야경』의 정요(精要)를 뽑아 모은 것으로서 여러 나라에 널리 유통되었다.

 산스크리트 판본으로 전해져 온 반야심경은 서분(序分)과 유통분(流通分)이 갖추어져 있는 광본(廣本 또는 대본)과, 서분과 유통분이 없는 약본(略本 또는 소본)의 두 가지가 있는데, 내용 면에서는 큰 차이가 없다. 여러 한역본 가운데 현장이 번역한 것은 약본에 해당하며, 광본은 그 구성이 『불설성불모반야바라밀다경』과 유사하다. 다음과 같이 7종의 한역본(漢譯本)이 있다. ① 鳩摩羅什(5C초) : 摩訶般若波羅蜜大明呪經, ② 玄奘(649) : 般若波羅蜜多心經, ③ 法月(738) : 普遍智藏 般若波羅蜜多心經, ④ 般若, 利言(790) : 般若波羅蜜多心經, ⑤ 智慧輪(?-859) : 般若波羅蜜多心經, ⑥ 法成(?-?) : 般若波羅蜜多心經(燉煌石室本), ⑦ 施護(982-?) : 佛說聖佛母 般若波羅蜜多經. 주석서로는 원측(圓測)의 『반야심경찬』 1권과 규기(窺基)의 『반야심경유찬』 2권 등이 있다.

제목인 반야바라밀다심경(般若波羅蜜多心經)에서 '반야(般若)'는 지혜·깨달음의 뜻이고, '바라밀다(波羅蜜多)'는 저 언덕, 곧 깨달음에 이른다는 뜻이고, '심(心)'은 핵심·진수이고, '경(經)'은 성인의 가르침을 뜻하니, 곧 '지혜로써 깨달음에 이르는 핵심의 가르침'이라는 뜻이 된다. 따라서 불교에서 깨달음에 이르는 지혜의 핵심을 반야심경이 말하고 있는 것이다.

반야바라밀다 심경 전문

현장(玄奘) 한역(漢譯)

김태완 우리말 번역 및 주석

 반야바라밀다심경 전문

관자재보살이 깊은 반야바라밀다를 실행할 때에 오온이 모두 공임을 비추어 보고서 모든 고통을 벗어난다.

觀自在菩薩, 行深般若波羅蜜多時, 照見五蘊皆空, 度一切苦厄.

사리자여, 색은 공과 다르지 않고 공은 색과 다르지 않으며, 색이 바로 공이고 공이 바로 색이다. 수·상·행·식도 역시 그와 같다.

舍利子, 色不異空空不異色, 色卽是空空卽是色, 受想行識亦復如是.

사리자여, 이 모든 것들은 공인 모습이므로 생겨나지도 않고 없어지지도 않으며, 더럽지도 않고 깨끗하지도 않으며, 늘어나지도 않고 줄어들지도 않는다.

舍利子, 是諸法空相, 不生不滅, 不垢不淨, 不增不減.

그러므로 공에는 색도 없고 수·상·행·식도 없으며, 눈·귀·코·혀·몸·의식도 없으며, 색깔·소리·냄새·맛·촉감·법도 없으며, 안계에서 의식계까지도 없으며, 무명도 없고 무명이 끝남도 없으며, 나아가 늙어 죽음도 없고 늙어 죽음이 끝남도 없으며, 고집멸도도 없고, 지혜도 없고, 깨달음을 얻음도 없으니, 얻을 것이 없기 때문이다.

是故 空中 無色無受想行識 無眼耳鼻舌身意 無色聲香味觸法 無眼界乃至無意識界 無無明亦無無明盡 乃至無老死亦無老死盡 無苦集滅道 無智亦無得 以無所得故.

보살은 반야바라밀다에 의지하므로 마음에 장애가 없고, 마음에 장애가 없으므로 두려움이 없고, 뒤집어진 꿈과 같은 망상(妄想)을 멀리 벗어나 마지막 열반에 이른다.

菩提薩唾 依般若波羅蜜多故 心無罣碍 無罣碍故 無有恐怖 遠離顚倒夢想 究竟涅槃.

삼세의 모든 부처는 반야바라밀다에 의지하므로 위없는 바른 깨달음을 얻는다.

三世諸佛 依般若波羅蜜多故 得阿耨多羅三邈三菩提.

그러므로 알아야 한다. 반야바라밀다는 크게 신령스러운 주문이요, 크게 밝은 주문이며, 위없는 주문이요, 둘도 없는 주문으로서, 모든 고통을 잘 없애며, 진실하여 헛되지 않다. 따라서 반야바라밀다의 주문을 이렇게 말한다: 아제아제 바라아제 바라승아제 모지사바하.

故知 般若波羅蜜多是大神呪 是大明呪 是無上呪 是無等等呪 能除一切苦 眞實不虛 故說般若波羅蜜多呪 卽說呪曰：揭帝揭帝 般羅揭帝 般羅僧揭帝 菩提僧莎訶.

첫 번째 법문

반야바라밀다심경[1]

般若波羅蜜多心經

---

1) 반야(般若; prajñā)는 '지혜(智慧)', 바라밀다(波羅蜜多; pāramitā)는 '피안으로 건너가다', 심(心; hṛdaya)은 '핵심, 중심, 심장', 경(經; sūtra)은 '가르침의 말씀'이라는 뜻.

반야바라밀다심경
般若波羅蜜多心經

'반야바라밀다'까지는 산스크리트어를 그대로 쓴 것이고, '심경'은 한문으로 번역한 것입니다. '반야'는 지혜라는 뜻이고, '바라밀다'는 보통 '도피안(到彼岸)'으로 번역됩니다. '피안으로 건너간다'는 뜻인데, '반야바라밀다'를 합해서 개념으로 얘기하자면, '피안으로 건너가는 지혜'라는 말입니다. '심경'에서 '심'은 마음이 아니라 산스크리트어로 '중심'을 뜻하는 말이고, '경'은 말씀이라는 뜻입니다. 그러니까 '심경'은 중심이 되는 말씀, 가르침이라는 말입니다.

'반야'가 지혜라고 얘기하면, 보통은 '반야'라고 하는 어떤 지혜가 있다고 여기죠. '반야'라고 하는 어떤 지혜를 내가 알아야 한다, 혹은 얻어야 한다고 막연하게 생각해 버립니다. 그런데 반야는 실은 그런 것과는 전혀 다른 것입니다. 반야는 이름을 지혜라고 할 뿐, 얻을 수 있는 게 아닙니다. 왜 얻을 수 있는 게 아닐까요? 원래부터 갖추어져 있는 것이기 때문입니다. 얻거나 잃거나 할 수 있는 게 아닙니다. 얻을 수도 없고, 반대로 내버릴 수도 없습니다. 그래서 육조 스님은 《육조단경》에서 반야를 '자성반야(自性般若)'라 했습니다. '자성'이란 우리가 가지고 태어난 본성이라는 말입니다. 본래부터 있는 것이란 말이에요. 말은 그렇게 하는데, 이름이 자성이다 본성이다 그러는 것이지 사실은 (손을 들면서) 이걸 가리키는 겁니다. 이거 하나입니다. 이 하나를 가지고 반야다 지혜다 하는 겁니다. 이름이 반야지, 반야라는 이름의 얻거나 잃을 수 있는 그런 물건은 없습니다. 이름이 지혜지, 지혜라는 것을 내가 얻었다 잃었다 할 수 있는 건 아닙니다. 만약에 그런 반야가 있고 지혜가 있다면, 그건 따로 있는 게 되는 겁니다. 그건 벌써 내가 있고 반야가 있어서 둘이 되는 것입니다. 둘이 되는 걸 일러 망상이라고 합니다. 불법은 언제든지 불이법(不二法)이지, 둘이 되지 않습니다. 우리가 불법을 모르는 이유가 결국 무엇 때문이냐면, "내가 뭘 어떻게 한다"고 자꾸 생각하기 때문입니다. 불법에 밝지 못하다는 말이에요. 내가 있고 불법이 있고, 자꾸 따로 있다고 생각하는 버릇을 못 버리니까 이 불법이 밝아질 수가 없는 것입니다. 내가 따로 있고 불법이 따로 있는 게 아니고, 내가 어떻다 해도 이 일이고, 법이 어떻다 해도 이 일입니다. 다른 일이 있는 게 아닙니다. 그래서 안과 밖이 없어요. 이쪽과 저쪽이 없습니다. 이쪽이라 해도 이것이고, 저쪽이라 해도 이것입니다. 안이라 해도 이것이고, 밖이라 해도 이것입니다. 그냥 언제든지 이 하나의 일일 뿐이라는 말입니다.

그러니까 이름만 좇아서 생각하는 사람은, "아, 반야가 산스크리트어고 뜻을 번역하면 지혜라 했는데, 그 지혜는 어떤 모습인가?"라는 식으로 자꾸 생각하겠지만, 그런 방향으로 가면 이것을 전혀 알 수가 없습니다. 전혀 그런 게 아니거든요. 그래서 《금강경》식으로 얘기하면 "반야는 반야가 아니라 이름이 반야일 뿐이다. 반야라는 이름으로 얻을 수 있는 물건이 없다." 이렇게 얘기할 수가 있겠죠. 그러니까 이 하나일 뿐이라는 말입니다. 반야라 하든 바라밀이라 하든 지혜라 하든 뭐라고 하든, 그것은 발음하는 소리일 뿐이고 붙인 이름일 뿐인 겁니다. 뭐라 이름을 붙이든 뭘 어떻게 하든지 간에 그냥 이 일이죠. 다른 일이 없습니다. 이 일일 뿐입니다. 이 하나의 일이죠. 이 하나의 일일 뿐입니다. 이것을 가지고 반야라 하기도 하고 지혜라 하기도 하고, 산스크리트어가 어떻고 한국어가 어떻고 중국어가 어떻고 하는 것입니다. 이름을 따라가면 산스크리트어가 따로 있고 중국말이 따로 있고 한국말이 따로 있겠지만, 이것이 분명하면 산스크리트어를 해도 이것이고, 중국어를 해도 이것이고, 한국어를 해도 이것입니다. 아무 차별이 없습니다. 다른 일이 없다는 말이에요. 그냥 이것 하나일 뿐이지 다른 일은 없습니다. 이게 분명하면 항상 이것뿐인 것이고, 이게 분명하지 않으면 이런 게 있고 저런 게 있고 차별 속에서 헤매게 되는 겁니다.

"반야바라밀다." 반야라는 이름을 쓰지만, 이 《반야심경》에도 보면 이 뒤에 "얻을 게 없다"라는 말이 나옵니다. "무소득(無所得)"이라는 말이 나와요. 이무소득고(以無所得故), "아무것도 얻을 게 없기 때문에"라는 말이 나옵니다. 온갖 이름이 있지만 사실은 하나도 진실한 것은 없다는 말입니다. 그런 물건은 없다는 말입니다. 어떤 이름을 얘기하고 뭘 어떻게 하든지 간에 그저 똑같은 일이에요. 똑같이 그저 이것 하나뿐입니다. 이 일 하나입니다. 하여튼 생각으로 하시면 안 됩니다. 이게 딱 분명해져야 됩니다. 이게 분명하면 경전을 전혀 몰라도, 누가 경전에 대해 얘기하는 걸 들어 보면 금방 무슨 뜻인지 알 수 있습니다. 한 번도 경전을 보고 들은 적이 없다 해도 이것만 분명하면 그렇게 됩니다. 왜냐하면 이것뿐이니까요. 사실 이것뿐입니다. 뭘 하든지 간에. 그래서 이름이 반야일 뿐입니다.

"바라밀." 도피안(到彼岸)이라고 하죠. '도'는 건너간다는 뜻이고 '피안'은 저쪽 언덕이라는 뜻이니, 저쪽 언덕으로 건너간다는 말입니다. 말로는 저쪽 언덕이 있고 이쪽 언덕이 있고, 건너가는 게 있고 건너오는 게 있고, 이렇게 차별이 되겠지만, 저쪽 언덕이라 하든 이쪽 언덕이라 하든, 건너간다 하든 건너온다 하든 똑같은 일입니다. 다른 일이 없습니다. 하여튼 이 일 하나가 있을 뿐입니다. "아, 이게 바로 이 일이구나"라고 한다면 바로 망상이 되는 것입니다. 왜냐하면 '이 일'이라는 것이 따로 있다면 '반야'도 따로 있으니까요. "이 일입니다"라고 한 것은 하나의 방편으로 쓴 것입니다. 그러니까 "이 일입니다" 하는 여기서 바로 와 닿으면 온 천지가 차별이 없어져 버리지만, "아, 바로 이게 이 일이구나"라는 식으로 이 일이라는 게 따로 있으면, 온 천지가 다시 차별이 생겨 다 망상이 되어 버립니다. 《금강경》식으로 얘기하면, "이 일은 이 일이 아니라 이름이 이 일이고, 이 일이라는 이름의 어떤 무엇도 없다." 딱 그렇게 떨어지는 겁니다. '없다 있다', 이렇게 할 문제가 아니라 이게 분명해야 되는 겁니다. '있다 없다' 하는 것은 방편입니다. 이것은 있는 것도 아니고, 없는 것도 아닙니다. '있다' 또는 '없다' 하는 방편은, 뭐가 자꾸 있다고 하니까 '없다'라는 방편을 써서 '있다'라는 말에 매이지 않게 풀어 주는 것이고, 뭐가 자꾸 '없다'고 하면 있는 것을 가리켜서 '없다'라는 매듭을 풀어 주는 겁니다. '있다' 또는 '없다' 이런 관념이 다 녹아서,

마치 얼음이 녹아 물이 되듯이 싹 다 풀려 걸림이 없어야 하는 것이거든요. 공부를 하면 관념이든 생각이든 느낌이나 감정이든 물질이든, 여기 《반야심경》에서 얘기하는 색·수·상·행·식, 오온(五蘊)이 전혀 걸릴 게 없어야 합니다. 이런 게 있다 하는 순간에 탁 걸려 버리거든요.

불교 공부는 우리가 가지고 있는 관념을 녹여서 없애 주는 것입니다. 《도덕경》에 보면 도 공부라는 것은 자꾸 자꾸 없애는 것이다, 즉 손지우손(損之又損)이라는 말이 있습니다. '손'이라는 것은 털어낸다, 없앤다, 내버린다는 말입니다. 도 공부라는 것은 우리가 짊어지고 있는 온갖 관념과 분별, 그런 어떤 집착하는 대상들을 풀어내는 것이지, 그런 것을 만들어 가는 것이 절대로 아닙니다. 그래서 '깨달음'이라는 것도 있으면 관념이고 결박하는 매듭이 되는 겁니다. 그래서 번뇌를 '맺을 결(結)' 자로 표현하기도 합니다. 매여 있다, 묶여 있다는 말이에요. 우리는 관념과 생각, 견해에 매여 있습니다. 또 눈에 보이고 귀에 들리는 감각과 기분이나 느낌, 육체에 매여 있죠. 이렇게 온 데 다 매여 있는 것을 다 풀어내 버리면, 마음이라 할 것도 없고, 몸이라 할 것도 없습니다. 아무것도 걸릴 것이 없습니다. 이게 바로 '해탈'이라고 할 수 있습니다. 그런데 우리는 습관적으로 매듭을 만들고 있습니다.

그래서 《금강경》을 비롯한 많은 경전에서 그 매듭을 푸는 방법을 설하고 있는 것입니다. "법은 이름이 법이지, 법이라는 물건은 없다. 법이라는 이름에 묶여 있지 마라. 부처는 이름이 부처지, 부처라는 물건이 따로 없다. 부처라는 이름에 묶여 있지 마라." 《반야경》도 한 번 읽어 보세요, 계속 그렇게 얘기하고 있습니다. 그래서 어디에도 매여 있지 않고, 어떤 관념과 어떤 견해도 없는 입장에서 이게 한 번 맞아떨어져야 어떤 물건도 없고 어디에도 걸릴 것이 없는 것입니다. 방거사라는 분이 하신 유명한 얘기가 있잖아요, "모든 있는 것을 다 없애 버릴 뿐, 없는 것을 있다고 착각하지 마라." 그것만 알면 공부 다 끝난다고 했습니다. 우리는 없는 것을 전부 있다고 착각하고서 거기에 집착하여 자기를 괴롭히고 있습니다. 그러니 중생이죠. 이게 한 번 분명해지면, 눈이 화로 위에 떨어져 녹아 버리듯이 그냥 모든 차별이 싹 사라져 버립니다. 있는 것도 아니고 없는 것도 아니고, '있다 없다'라는 그런 차별조차도 없습니다. 전부 똑같은 일이어서 하나도 걸릴 것이 없습니다. (손을 들면서) 이것 하나가 분명한 것뿐이지, 이런저런 여러 가지 일이 있는 게 아니에요. 그러니까 경전도 하나의 방편으로 쓰는 것뿐입니다.

"반야바라밀다." 이름이 반야이고 이름이 바라밀다입니다. "심경." 중심이 된다 하든 다른 무엇이 된다 하든, 이름이 그럴 뿐이지 이 하나입니다. 말씀이라 하든 가르침이라 하든, 이름이 말씀이고 이름이 가르침이지 그냥 이 일입니다. 무슨 느낌이 있든 무얼 보고 무얼 듣든 아무 상관이 없어요. 이 하나가 분명하면, 아무 데도 매일 것도 없고 걸릴 것도 없습니다. 그냥 (손을 들면서) 이것이 분명해야 되는 겁니다. 다른 것은 없습니다.

그래서 공부는 알고 보면 참 쉽습니다. 스스로 붙잡고 있고 가지고 있고 매여 있는 거기에 의지하지만 않는다면, 가리키는 (손을 들면서) 이것에 와 닿는 것은 쉬워요. 문제는 뭔가에 의지하고, 자꾸 생각을 가지고 붙잡으려 하고, 이해하려 하고, 느껴 보려 하고, 알려고 하는 그것입니다. 법을 알려 하고 느끼려 하고 보려 하고 들으려고 하는데, 법은 그런 것이 아닙니다. 그렇게 되는 게 아닙니다. 그렇게 자꾸 분별하려는 그 버릇에 우리가 눈길을 주지 않는다면, 그래서 볼 수도 없고 들을 수도 없고 알 수도 없고 이해할 수도 없고 느낄 수도 없다면, 우리는 어떻게 할 바를 모르겠죠. 이것은 보는 것도 아니고 보이는 것도 아닙니다. 듣는 것도 아니고 들리는 것도 아닙니다. 아는 것도 아니고 모르는 것도 아니고, 느낌이 있는 것도 아니고 없는 것도 아닙니다. 그런 어떤 차별 속에 있는 게 아니에요. 그냥 (손을 들면서) 이것입니다. 어떤 조건도 없고 어떤 차별도 없고, 바로 지금 (손을 들면서) 이것입니다.

(책상을 두드리면서) 이것을 100% 믿을 수만 있다면, 바로 와 닿습니다. 아무것도 어려운 게 없어요. 그런데 이것이 잘 안 믿어지니까 자꾸 생각을 가지고 이해하려고 하고 알려고 합니다. 그러니까 이게 안 되는 겁니다. 알 수 없는 것인데 알려고 하니까 평생 해도 안 되는 겁니다. 느낄 수도 없는 것인데 느껴 보려고 하니까 평생 해도 안 되는 거죠. 하여튼 이 일입니다. 이것은 아주 명백한 것입니다. 지금 딱 가리켜 드리는 (손을 들면서) 이것이거든요. (책상을 두드리면서) 이 일입니다. 믿음만 100% 된다면 이게 뭐가 어렵습니까. 그냥 (책상을 두드리면서) 이 일입니다! 이름을 붙이면 안 됩니다. 그러면 또 생각으로 가 버리니까요. 바로 이것입니다.

그런데 이것이라고 하는데, "아, 이거구나" 하고 뭔가 와 닿는 게 있으면 그건 아닙니다. 왜냐면 "이거구나" 하는 무엇이 따로 정해져 버리고 분별이 되어 버리니까요. 그건 망상입니다. (책상을 두드리면서) 이 일이라 하는 여기서 이게 탁 오면, 온 천지에 차별이 싹 사라져 버려요. 그래서 이 일이라 할 것도 없고, 이 일이 아니라 할 것도 없습니다. '맞다 아니다'라는 차별이 없어져 버립니다. 그래서 '불이법문'이라는 말을 하는 거거든요. 물 속에 있는 물고기가 어디를 가든 물이 코앞에 있듯이 모든 일이 다 이 일입니다. 모든 곳에서, 모든 일에서, 이것 하나를 딱 확인하는 것입니다. 다른 일이 없어요. (책상을 두드리면서) 이 일 하나입니다. 바로 지금 이것입니다.

생각할 것은 아무것도 없습니다. '믿음'이라는 말도 하나의 방편으로 하는 소리입니다. 믿을 것이 있어 믿는 것은 진짜배기 믿음이 아니거든요. 자기가 진짜로 여기에 뜻이 있고 애정이 있으면, 저절로, 저절로 이것이 와 닿는 것입니다. 이것뿐이거든요. 이것은 아주 단순하고, 아주 간단하고, 아주 분명한 거예요. 숟가락 가지고 밥 떠먹다가도 이 일입니다. 차 한 잔 마시다가도 그냥 이 일입니다. 무얼 본다, 보는 게 이 일입니다. 숨을 쉰다, 매 순간 순간 숨 쉬는 것이 찰나 찰나가 다른 일이 아니고 이 일입니다! 한 순간도 끊어짐이 없습니다. 그냥 다 이것뿐이에요, 이것뿐! 뭘 하든지 전부가 이 일 하나뿐입니다. 보든 듣든 온 천지가 이것 하나란 말이죠. 온 천지가 단지 이 일 하나입니다. 그러니까 얻을 것도 없고 잃을 것도 없고 아무 차별이 없는 것입니다.

이것은 길게 얘기할 것도 없습니다, 다 이것이거든요. 진짜로 여기에 뜻이 있고 관심이 있으면 10분만 얘기해도 이것을 알 수 있지 않을까 하는 생각도 듭니다. 그런데 그게 참 안 되는 거 같아요. 이 법을 확인하려면 결국 여기에 익숙해져야 돼요. 뭔지는 몰라도 가리키는 이것에 스스로 익숙해져야 됩니다. 익숙해지려면 자주 접할 수밖에 없습니다. 법을 가리키는 자리를 자주 접해야 합니다. 그러다 보면 자기도 모르는 사이에 익숙해져서, 자기도 모르게 이게 확인이 되는 것입니다. 확인하고 나서 보면 이것은 남한테서 얻은 것이 아니고 원래 자기 것입니다.

옛날에 한 스님께서 하신 유명한 말이 있습니다. "밖에서 들어오는 것은 조금도 귀중한 것이 아니다." 이 말은 원래 가지고 있는 것이 참으로 귀중한 것이라는 뜻입니다. 우리는 '반야'라고 얘기하면, 부처님이 깨달은 반야라는 것이 있다고 생각하고서, 그것을 내 것으로 만들어야 되겠다는 망상을 자꾸 합니다. 그래서 경에서 "이건 얻을 수 있는 게 아니다, 이건 얻는 게 아니다"라고 계속 얘기를 하는 것입니다. 이것은 얻거나 잃는 것이 아닙니다. 보고 듣고 느끼고 알고 행동하는, 평소에 하는 행동이, 평소에 살고 있는 삶이 그대로 전부 이 일입니다. 아무것도 새로운 것은 없습니다. 새로 얻을 것은 아무것도 없습니다. 평소의 삶과는 다른, 뭔가 특별한 것을 얻었다 하면 그것은 틀림없이 망상입니다, 100% 망상입니다.

그런데 이것이 원래 나한테 있는 것이라 하지만, 이것을 확인하기 전에는 이것이 뭔지 모릅니다. 원래 나한테 있는 것이라는 말을 듣고서 "아, 지금 나한테 있는 거구나" 하고 알아 봐야 그건 모르는 거거든요. 반드시 이것을 확인해 봐야 "아, 원래 모든 것이 다 이거구나" 하고 확인되는 것입니다. 말만 듣고 확인도 안 하고, 생각으로만 "지금 내가 보고 듣고 느끼고 알고, 지금 사는 인생 그대로가 다 법이다" 한다면 "일천 부처가 나타나도 구제할 수 없다"고 말합니다. 왜냐하면 삿된 견해를 가졌기 때문에 그런 것입니다. 그러니까 자기가 부처가 되어야지 부처 말을 듣고 부처 흉내를 내면 안 되는 겁니다. 자기가 직접 확인이 되어야지, 부처가 한 말을 듣고 흉내를 내면 그건 진짜 구제할 수 없습니다. 이게 확인되는 것은 남이 알 수가 없어요. 자기 혼자만 알게 되는 겁니다. 그 다음에 이것을 아는 사람하고 말을 해보면, 말이 통합니다. 그것뿐입니다. 같은 경험을 하고 있으니까 말이 통하는 것이죠. 그것뿐이지 다른 것은 없습니다.

"부처가 뭐요?"
"(책상을 두드리면서) 이게 부처요."
"깨달음이 뭐요?"
"마이크가 깨달음이요."
"도가 뭐요?"
"시계가 도요."
"반야가 뭐요?"
"차 한 잔 하시오."
"본래면목이 뭐요?"
"죽비가 본래 면목이요."
"마음이 뭐요?"
"돌멩이가 마음이요."

계속 이렇게 이것을 드러내어 지적하는 것을 '직지인심(直指人心)'이라고 합니다. 가리킨다, 드러낸다, 이렇게 표현하지만, 드러내고 가리키는 물건이 따로 있는 것이 아닙니다. 하여튼 계속 귀를 기울이다 보면, 어느 순간에 여기에 통하는 날이 옵니다. 몰록 이것이 한 번, 문득 이것이 한 번 통해서 이것이 분명해지면, 뭘 하든지 전부 이 일입니다. 너무 분명하고 너무 확실합니다. 그렇게 되면 "야, 이런!"… 아무 생각이 없습니다, 전부가 다 이것이니까요! 생각하는 것마다 다 이것이고,

생각이 나오는 것 자체가 이것이에요. 하나하나의 생각도 그대로 이것입니다. 옛날 스님들은 "물이 물로 들어가는 것과 같다"고 했습니다. 아무 차별이 없습니다. 물에다 물을 섞는 것과 같아서 섞였는지도 모릅니다. 그렇게 이 하나가 분명해지는 겁니다. 세숫대야에 물이 있는데, 컵에 있는 물을 세숫대야에 부었다면, 컵의 물과 세숫대야의 물, 둘의 차이가 있습니까? 전혀 없죠. 그런 것처럼 이것이 딱 분명하면, 아무 차별이 없어요. 이쪽저쪽, 안과 밖이 따로 없습니다. 그냥 이것뿐이고, 전부가 이 하나의 일입니다. 그러면 항상 하는 일마다 그야말로 여여해집니다. 차이가 없으니까 항상 이 하나죠. 그러니까 마음이라 할 것도 없고, 마음이 없으니까 불안하다 혹은 행복하다, 뭐 이런 것도 없습니다. 불안감도 없고 행복감도 없어요. 그냥 담담합니다. 그런데 이것을 모르면, 사람들이 감정의 기복이 심해서 어떨 때는 좋아했다가 어떨 때는 싫어했다가 그러는데, 이것이 분명하면 1년 365일이 똑같습니다. 항상 담담합니다. (손을 들면서) 이것 하나입니다.

 하여튼 다른 일이 아니고 이 일입니다. 그런데 조금이라도, 눈곱만한 것이라도 생각을 일으키고 그 생각과 느낌, 감정을 따라가서 이런저런 차별이 생겨 버리면, 온 천지에 망상밖에 없어요. 그러니까 그게 참 희한한 겁니다. 정확하게 초점이 맞으면, 모든 것이 투명한 것처럼 걸릴 것이 없는데, 조금이라도 각도가 어긋나면 새까매져서 아무것도 안 보이는 그런 식입니다. 이 공부가 그런 면이 좀 있습니다. 그러니까 항상 이것이 분명해서 항상 다른 일이 없어야 됩니다. 하여튼 (책상을 두드리면서) 이 일 하나뿐입니다. 이런저런 차별되는 일이 있는 것이 아닙니다.

 불교 신자들은 무슨 일이 있으면 반야심경을 무조건 하고 외워 대는데, 저는 아직 외우지 못합니다. 맨 첫 구절은 생각이 나요. "관자재보살 행심반야바라밀다시 조견오온개공 도일체고액", 그 정도까지는 머리가 돌아가는데 그 다음부터는 모릅니다. 그런데 그걸 알 필요가 없습니다. 외울 필요도 없고요. (손을 들면서) 이것 하나만 분명하면, 부는 바람이, 흩날리는 먼지가, 떨어지는 낙엽이, 빛나는 햇살이, 춥다 덥다 하는 날씨가, 모든 것이 이것을 100% 증명해 주고 있는 것인데, 무슨 경전이 필요하겠습니까. 반야심경을 외우고 사홍서원을 할 필요가 전혀 없습니다. 경전이 따로 있고 부처가 따로 있고 깨달음이 따로 있으면 망상입니다. 우리가 보고 듣고 느끼고 하는 매 순간 순간, 모든 일상생활에서 이것 하나가 딱 증명이 됩니다. 법은 항상 눈앞에 이렇게 증명이 되어 있습니다. 그래서 깨달음을 '증(證)'이라는 표현을 써서, '증득(證得)'이라고 합니다. '득'은 해냈다는 말입니다, 얻었다는 말이 아닙니다. '증'이라는 것은 증거를 확실하게 확보했다는 말입니다. 증거가 확실하다는 말입니다. 잘 때나 깨어 있을 때나 24시간 내내 증거가 확실한 겁니다. 그렇기 때문에 이 증거는 내가 생각으로써 눈으로 보면 있고 안 보면 없고 하는 것이 아닙니다. 생각을 하면 드러나고 생각을 안 하면 숨고 하는 것이 아니에요. 물고기가 물 속에서 못 빠져나오듯이 우리는 항상 이 증거 속에 있을 뿐입니다. 이 증거가 하나 있을 뿐입니다.

그러니까 이것을 실상이라 하든 법이라 하든 이렇게 명확한 증거가 있을 뿐입니다. 항상 우리는 이 속에 있을 뿐이지 다른 것은 없습니다. 이것을 계속 (손을 들면서) 이렇게 가리켜 드리는 것이고 이것 하나를 확인하는 것입니다. 이것이 확실하면 어떤 일이 벌어져도 조금도 흔들리고 헤맬 일이 없습니다. 이것이 불투명하고 불확실하면 눈앞에 벌어지는 일들을 따라서 흘러가 버립니다. 그러니까 끊임없이 헤매게 되죠. 좋았다가 싫었다가, 옳았다가 틀렸다가, 이런 일 저런 일, 끊임없이 헤매게 됩니다. 그래서 중생을 미혹하다고 하는 것입니다. '미혹'이라는 것은 헤매는 것입니다. 집 잃은 아이를 '미아'라고 하잖아요. 이 증거를 잃어버리고 헤매니까 중생을 미혹하다고 하는 것입니다. (손을 들면서) 이 하나의 증거가 있을 뿐입니다. 아무런 다른 것이 없어요. 언제든지 이 일이죠. 이것을 일러드리고 이것을 끊임없이 지적해 드립니다. 이것이 분명하면 자타가 없습니다. 여기 내가 있고 저기 남이 있다 하는 차별도 없고, 내가 어떻다 할 때나 다른 사람이 어떻다 할 때나 똑같습니다. 그러니까 남을 욕하는 것이 곧 자기를 욕하는 것이라는 말도 하는 겁니다. 나와 남이 따로 없어요. 남을 욕한다는 것은 내가 분별망상 한다는 말이거든요. 결국 스스로 자기 욕을 하는 것입니다. 누워서 침 뱉기라는 말이죠.

(책상을 두드리면서) 이 일이 있을 뿐입니다. 이 일 하나일 뿐입니다. 평생을 얘기해도 그냥 이 하나의 일일 뿐이지 다른 일이 없어요. 그러니까 이 공부는 아주 단순하고 간단하고 확실한 것입니다. 조금도 이상할 것이 없어요. (손을 들면서) 이렇게 단순하고 확실하고 분명합니다. 이 이상 더 분명할 수가 없죠.

어쨌든 이게 탁 확인되는 순간에, 집을 잃고 여기저기 헤매던 아이가 부모를 발견하고 집을 찾았을 때의 안도감 같은 것이 있습니다. "아이고, 이제 헤매는 일이 끝났구나!" 하는, 그런 생각을 하는 것은 아니지만 어쨌든 그런 안도감이 옵니다. 이것을 몰랐을 때는 불안해요. 확실한 것이 없으니까 항상 공중에 붕 떠있는 거 같고, 어딘가 자기가 가야 할 길이 있는데 거기가 어딘지 모르는 거 같고, 계속 그런 불안한 입장에 있다가 이것이 딱 확인되는 순간에 그런 불안감이 싹 사라져 버립니다. 그런 흔들림이 없어져 버려요. 증거가 명확하고 분명하다는 말이죠. 옛날 사람들은 "안도의 한숨을 푹 내쉰다"고 표현했습니다. 그런 안도의 한숨을 푹 한 번 내쉬어야 비로소 헤매는 일이 끝나는 것입니다. 이것이 한 번 확실해지는 것이지 다른 것은 없어요. (손을 들면서) 이 일입니다. 아주 단순하고 아주 간단합니다. 그래서 세 살 먹은 어린애들조차도 할 수 있는 일입니다. 세 살 먹은 어린애도 (손을 들면서) 이 일이지 다른 것은 없거든요. 그런데 그런 애들은 발심을 안 하니까 할 수가 없지만, 발심만 한다면 (책상을 두드리며) 이 일이에요. 다른 일이 아니에요. 절대로 이상하고 거창하고 현묘한 일이 있는 것이 아닙니다. 아주 단순하고 분명하게, 딱 (손을 들면서) 이것뿐입니다. 다른 일이 전혀 없습니다. '이 일'이라고 하는 어떤 특별한 일이 있는 게 아니고, 그냥 이것이 분명하면 허공처럼 확 트여서 걸릴 것이 아무것도 없습니다. 그래서 마음이 허공과 같다는 말을 많이 하죠. 허공처럼 걸리는 것이 없이 어디를 가든지 항상 한결같은 것을 가리켜서 '이것'이라고 이름을 붙인 것입니다. 허공처럼 확 트여서 조금도 걸릴 것이 없고, 뭘 하든지 있는 것도 아니고 없는 것도 아니고, 어떤 것이 더 중요할 것도 덜 중요할 것도 없고, 본질이냐 현상이냐 하는 차이도 없습니다. 모든 일이 꿈과 같습니다. 꿈속에서 무엇이 더 중요하고 무엇이 덜 중요합니까? 꿈을 못 깨면, 꿈속에서 돈을 벌었다면 좋아하고 돈을 잃었다면 싫어하겠죠. 꿈을 못 깨면 그러겠지만, 꿈을 깨면 돈을 번 것이나 잃은 것이나 하나도 다르지 않습니다. 그와 마찬가지입니다. 이것이 딱 분명하면 무슨 일이 일어나더라도 모든 일이 다 똑같습니다. 하나도 더 애정을 가질 것도 없고 더 싫어할 것도 없습니다. 모든 일이 다 똑같아요. 그래서 "법이 평등하다"는 말도 하는 겁니다. 아래위가, 앞뒤가 없습니다. 다 똑같습니다. 하여튼 이것이 분명하면 어떤 일이 벌어지더라도 항상 똑같은 일입니다. 이런저런 여러 가지 일이 따로 있지 않고 똑같은 일이에요.

하여튼 이 일 하나이지 딴 건 없습니다. 반드시 이것이 분명해져야 됩니다. 이런 일 저런 일이 원래 없습니다. 우리가 집착을 하기 때문에 이런 일 저런 일이 있는 것입니다. 이 집착이라는 것이 참 희한한 것입니다. 간단하게 예를 들면, 담배를 피우다가 끊으려 할 때, 아무것도 없는데도 그렇게 끊어지지가 않아요. 좋아하고 싫어하는 모든 일이 전부 다 그런 식입니다. 집착하고 망상하면서 자기가 자기를 괴롭히는 겁니다. 하나도 좋은 일도 없고, 하나도 나쁜 일도 없어요. 다 똑같습니다. 하여튼 이것이 분명하면 다 똑같아요.

우리는 무슨 일이 벌어지면, 습관적으로 반응을 합니다. 어떤 인연이 있을 때 거기에 대한 반응은 100% 습관이죠. 습관적으로 생각하고, 습관적으로 말하고, 습관적으로 느끼죠. 습관에 속아서 "아, 이것이 있구나" 하는데, 습관이라는 것은 있는 것이 아닙니다. 익숙해 있을 뿐이지 있는 것이 아닙니다. 이 법이 분명하고 명확해지면 그 습관을 벗어날 수가 있어요. 몸이나 의식은 습관적으로 움직여도, 그 습관에 구속을 안 받을 수가 있다고요. 그러면 점차 그 습관으로부터 자유로워질 수가 있습니다. 금방 자유로워지지는 않겠지만요. 이것이 딱 분명하면, 이것은 완전히 자유로운 거거든요. 그래서 어디에도 구속을 받지 않습니다. 완전히 자유로운 이것이 딱 분명하면 우리가 몸이 가지고 있거나 의식이

가지고 있는, 아까 담배 피우는 것을 예로 들었지만, 그 외에도 생활의 모든 것이 다 습관인데, 그런 습관들을 이제는 내가 통제를 할 수 있고 조절을 할 수가 있고 부려먹을 수가 있어요. 그게 하루아침에 금방 되지는 않지만 점차 그렇게 됩니다. 그러면 습관으로부터 자유로워집니다. 습관으로부터 완전히 자유로워지는 것이 궁극적으로 공부인 것입니다. 습관적으로 행하면서, 마치 피할 수 없는 뭔가가 있는 것이라고 착각을 하는데, 그런 장애가 있는 것이 아닙니다. 그냥 단지 하나의 습관일 뿐입니다. 모든 일은 다 습관입니다. 그걸 우리가 불교식으로 '업(業)'이라고 그래요. 업은 곧 습관의 다른 말입니다. '습기(濕氣)'라고 그러죠. 한 번 하면 두 번 하기가 쉬워요. 뭐든지 처음 한 번이 어렵잖아요. 두 번째는 좀 더 쉽고, 세 번째는 더 쉽습니다. 그게 업이고 그게 습관입니다. 자꾸자꾸 해서 수백 번 수천 번을 하면 완전히 타고난 것처럼 하게 됩니다. 그러니까 "업장이 두껍다"는 말을 하죠. 단지 습관일 뿐입니다. 아무것도 아니에요. 아무것도 걸릴 것이 없습니다. 그런 습관 속에 있더라도 이게 한 번 분명해지면, 그 습관에 매이지 않을 수 있는 힘을 얻게 돼요. 금방 그런 습관이 없어져 버리는 것은 아니지만, 모든 습관에 구속받지 않을 수 있는 힘을 얻게 됩니다. 그러면 조금씩 위치가 바뀝니다. 전에는 습관이 나를 지배했다면, 이제는 내가 습관을 지배할 수 있게 된다는 말이에요. 그게 점차 점차 되면 모든 습관으로부터 자유로워질 수 있습니다. 시간이 좀 걸리겠지만요. 그것이 바로 공부입니다. 업이라는 것은 생활 습관이에요. 습관!

그러니까 유식 철학에서는 습관을 일으키는 인자가 제8아뢰야식에 저장되어 있다가 그것이 튀어나온다고 얘기하거든요. 그런 아뢰야식이 있는 것이 아닙니다. 그냥 그렇게 습관화되어 있다는 말이에요. 모든 게 습관입니다. 습관에 속아서 아, 이런 일이 있구나, 진실로 있구나, 피할 수 없구나, 도저히 극복할 수 없는 이런 게 있구나, 이런다면 바로 망상에 구속을 받는 겁니다. 그걸 자기가 이겨낼 수가 없는 겁니다. 거기에 딱 구속이 되고 사로잡혀서 평생을 감옥 속에 사는 사람처럼 살아야 되는 겁니다. 그게 불쌍한 중생입니다. 이게 딱 분명하면, 완전하게 자유가 있습니다. 뭐든지 하고 싶은 대로 할 수가 있어요. 예컨대 성욕은 타고난다고 하는데, 타고난 것이 아닙니다. 그건 습관입니다. 모든 것을 다 조절할 수가 있어요. 다만 음식을 안 먹을 수는 없죠. 그런데 먹는 습관, 내가 뭘 좋아하고 싫어하고 이런 것은 마음만 먹으면 고칠 수가 있습니다. 안 먹으면 육체가 유지가 안 되니까 그건 어쩔 수 없죠. 안 먹을 순 없지만, 뭘 더 잘 먹고 뭘 더 좋아하고 뭘 더 싫어한다, 이거는 얼마든지 마음만 먹으면 고칠 수가 있는 거죠. 하여튼 이게 딱 분명해져야 자유가 있습니다. 어디에도 구속을 받지 않고 그 무엇으로부터도 간섭을 받지 않고, 완전히 어디에도 걸림이 없고 장애가 없다고 하는 겁니다. 일절 장애가 없고, 걸림이 없고, 아무 일이 없습니다. 이것이 우리가 얘기하는 해탈이고 열반인 겁니다. 하여튼 (책상을 두드리면서) 이 일 하나입니다.

"반야바라밀다심경." 오늘은 제목을 가지고 말씀을 드립니다. 반야가 따로 있고 바라밀이 따로 있고, 경전이 따로 있는 것이 아니고 언제든지, 사실 처음부터 끝까지 (손을 들면서) 이것뿐입니다. 이걸 알려 주기 위해서 반야경, 금강경, 화엄경… 이런 방편을 만들어 놓은 겁니다. 아무런 다른 것이 없습니다. 이 일 하나뿐입니다. 이 일이라는 것은 다른 것이 아닙니다. 하여튼 이것이 한 번 와 닿아야 합니다. 이 일이라는 게 뭘 가지고 이 일이라고 하는지 자기 스스로가 확인할 수 있는 거죠. 이것밖에 없습니다. 이것이 아무것도 아닌 거 같은데, 정말로 확실하게 통하면 이것보다 더 큰 일은 없습니다. 세상 무엇을 준다 해도 이것과는 바꿀 수가 없어요. 아무리 세속에 좋은 일이 있다 해도 이것과는 비교 자체가 안 됩니다. 비교할 수가 없어요. 《금강경》에서 그런 얘기를 하잖아요. "온 우주를 일곱 가지 보물로 가득 장식한다 해도, 비교 자체가 안 된다"고 얘기하잖아요. 비교 자체가 안 됩니다. 세상에 아무리 좋은 일이 있더라도 여기에 비교조차도 할 수가 없습니다. 이것만 분명하면 됩니다. 그 다음 세상 일이야 인연에 따르는 것입니다. 크게 좋은 것도 없고 크게 나쁜 것도 없어요.

하여튼 이 일이 분명하면 아무것도 원할 게 없습니다. 아무것도 바랄 것도 없어요. 그냥 이것만 항상 딱 분명하면 더 이상 원하는 일이 없습니다. 하여튼 이 일 하나입니다. 이 일 하나뿐인 겁니다. 이것이 분명하면 부족함을 못 느낍니다. 항상 모든 경우에 오직 이것 하나뿐이거든요. 옛날 스님들이 그렇게 얘기를 했어요. "이것만 딱 알면, 저 어디 시골에 주막 하나 지어 놓고 다리 부러진 솥을 걸어 놓고—중국의 솥에는 다리가 있었던가 봐요—거기에 죽 끓여 먹고 평생 살다가 소리 소문 없이 가도 아무 상관 안 한다." 그런 얘기가 《전등록》에 왕왕 나오죠. 이 일 하나가 있을 뿐입니다. 이것이 분명하지 않으니까 좋고 나쁘고 치고 박고 싸우고 이렇게 하는 것이지, 이것만 분명하면 오십 보 백 보입니다. 하여튼 좋고 나쁘고 하는 데 걸리지 않게 되는 겁니다. 오직 이 일뿐인 것입니다. 이것하고 바꿀 수 있는 것이 없습니다. 그래서 자기의 '일대사인연(一大事因緣)'이라고 합니다. '일대사인연'이라는 말은 일생 동안 할 수 있는 일 중에 가장 큰 일이라는 말이거든요. 또는 자기의 본래면목이다, 본분사다, 이렇게 말하는데, '본분사'라는 것은 날 때부터 주어진 의무라는 말입니다. 태어날 때부터 오직 이것 하나를 알려고 태어난 사람이라는 뜻도 있습니다. 그러니까 이것 하나만 분명하면 더 이상 할 게 없어요. 이 일 하나만 있을 뿐입니다. 언제든지 다만 차별없이 똑같습니다. 전부가.

두 번째 법문

관자재보살[2]이 깊은[3] 반야바라밀다[4]를 실행할[5] 때[6]에 오온[7]이 모두[8] 공[9]임을 비추어 보고서[10] 모든 고통을 벗어난다.[11]

觀自在菩薩, 行深般若波羅蜜多時, 照見五蘊皆空, 度一切苦厄.

2) 관자재(觀自在)란 '자재하게 본다'는 뜻이니, 망상(妄想)의 구름에 막힘이 없이 만법의 실상(實相)을 자재하게 본다는 말이다.
3) 중생의 습관적 분별심으로는 알 수 없으므로 '깊다'고 하였다.
4) 반야(般若)는 '지혜(智慧)'란 뜻이고, 바라밀다(波羅蜜多)는 '피안으로 건너가다'는 뜻이니, 반야바라밀다란 '피안으로 건너가는 지혜'라는 뜻이다. 깨달음과 해탈을 나타내는 말.
5) 반야바라밀다, 즉 깨달음은 관념이 아니고 실제로 행해지는 일이다.
6) 정해진 때가 따로 없고, 언제나이며 바로 지금이다.
7) 오온(五蘊)은 색(色; 눈에 보이는 것, 물체)·수(受; 감각, 지각)·상(想; 식별, 생각, 관념)·행(行; 충동, 의지, 욕망)·식(識; 의식, 앞의 색수상행을 포괄함) 등 다섯을 가리키는데, 경험되는 세계를 5가지로 총괄하여 표현한 것이다. 오온이란 곧 경험되는 세계, 만법.
8) 진리에 예외는 없으므로 빠짐없이 모두이다.
9) 있는 것도 아니고 없는 것도 아니며, 이것도 아니고 저것도 아니므로, 공(空; 비었다)이라 한다. 비었다는 것은 어떤 내용도 없고 어떻게도 정할 수도 없다는 말이다.
10) 분별의 눈이 아니라 분별을 떠난 지혜의 눈에 비추어 본다.
11) 헛것을 참되다고 여기면 곧 번뇌라는 고통이 있고, 헛것도 없고 참됨도 없으면 고통도 없고 고통에서 벗어날 일도 없다.

관자재보살이 깊은 반야바라밀다를 실행할 때에 오온이 모두 공임을 비추어 보고서 모든 고통을 벗어난다.

觀自在菩薩, 行深般若波羅蜜多時, 照見五蘊皆空, 度一切苦厄.

"관자재보살"은 관세음보살이라고도 번역이 됩니다. '관자재'는 보는 것이 자재하다는 말이고, '관세음'은 세상의 소리를 다 본다는 말입니다. 말하자면, 모든 경우에 실상에 밝다, 모든 경우에 어떤 경계에도 막히지 않고 실상이 분명하다고 얘기할 수 있겠죠. 그건 그렇게 얘기하는 것이고, 말하자면 이 일 하나가 분명하다는 것입니다. 이런 말 저런 말이 차별이 되고, 이런 모습 저런 모습이 차별이 되고, 여러 가지 경계가 나타나겠지만, 어떤 경우에도 단 한 순간도 다른 일이 있는 것이 아닙니다. 모든 경계는 사실 있는 것도 아니고 없는 것도 아닙니다. 우리가 경계를 있다거나 없다거나 이렇게 분별하면, 견해가 서고 개념이 생깁니다. 그렇게 되면 우리가 말하는 망상에 떨어지게 되는 겁니다. 법에는 정해진 견해가 없고 개념이 없습니다.

이것은 언제든지 생생하고 분명해서 도저히 어떻게 할 수가 없죠. 물고기가 물 속에서 어떻게 해도 빠져나올 수가 없듯이 이것은 도저히 어떻게 할 수가 없는 것입니다. 그냥 (손을 들면서) 이것입니다. 여기에 대해서 이렇다 저렇다 하는 것이 망상이고 생각입니다. 그냥 이 일뿐인데, 언제든지 이 하나의 일인데, 이렇다 저렇다 하면 생각으로 가 버립니다. 이게 분명하면 보든 듣든 생각을 하든 느끼든 어떤 경우에도 이런 저런 차별되는 일이 없습니다. 차별법이 아니고 항상 똑같다는 말입니다. 늘 평등하게 이 일 하나입니다. 그래서 모든 것이 똑같이 이 하나의 일입니다, 만법이 하나로 돌아온다고 하듯이. 이것이 이렇게 분명하면 보는 데 속지 않고 듣는 데 속지 않고 느낌에 속지 않고 알음알이에 속지 않고, 어떤 일이 벌어져도 말려들어 속는 일이 없습니다. 말려들어 속아 버리면, 그런 경계가 있다 혹은 없다, 이렇게 차별이 생겨 버립니다. 그러나 이것이 분명하면 차별이 없어요. 이것이 분명한 걸 일러서 "깊은 반야바라밀다를 실행한다"고 하는 것입니다.

"반야바라밀다"는 이 밑에도 나오다시피 아무것도 얻을 것이 없는 것이 반야바라밀이고, 어디에도 머물지 않는 것이 반야바라밀이고, 이것이다 저것이다 하고 분별하지 않는 것이 반야바라밀입니다. 반야바라밀은 이름이 반야바라밀일 뿐 반야바라밀이라는 어떤 물건도 어떤 경지도 어떤 마음도 있는 것이 아닙니다. 그런 것이 있다고 생각하면 바로 망상으로 떨어져 버립니다. 어쨌든 (손을 들면서) 이것 하나만 분명하면 언제나 이것 하나뿐입니다.

"관자재보살." 관자재보살이라는 보살이 따로 있는 게 아니고 이것을 일러주기 위해 그런 이름을 만들어 쓰는 것입니다. 그래서 법과 관련된 모든 이름은 가명입니다. 가명이라는 것은 방편이라는 말이에요. 방편이라는 것은 실제로 그런 일이 있다 또는 없다, 그렇게 주장하는 게 아닙니다. 그냥 이것을 일러주기 위한 하나의 수단으로 쓸 뿐이지 사실을 말해 주는 것이 아닙니다. 보통의 일상적이고 세속적인 대화는 대부분이 어떤 사실에 대해서 얘기를 하잖아요. 이런 일이 있다 이런 일이 없다, 이런 식으로요. 그러나 이 법에 관한 모든 말은 그런 말이 아닙니다. 사실을 얘기해 주는 것도 아니고 자기 느낌을 얘기하는 것도 아닙니다. 그냥 이것을 일러주기 위한 방편의 말입니다. 일상생활 속에서도 방편의 말을 쓸 수가 있겠지만, 그럴 때는 그 방편의 말이 가리키는 구체적인 대상이 정해져 있습니다. 그러나 불교에서 방편의 말을 쓴다고 할 때는, 그 말이 가리키고자 하는 구체적인 대상이 있다는 말이 아닙니다. 그런 것이 세속적인 언어와 법을 가리키는 언어의 차이점이에요. 세속적인 언어는 직설 화법으로 하든 묘사를 하든 비유를 들든 느낌을 말하든, 뭔가 어떤 대상을 두고 얘기하거든요. 그러나 이것은 대상을 두고 하는 말이 아닙니다. 법은 대상이 아닙니다. 그렇기 때문에 불이법(不二法)이에요. 법은 대상이 될 수가 없어요. 법이 분명하면 여기에는 주관과 객관이라는 구분이 없습니다. 그냥 이 일이죠. 만약에 법을 대상으로 놓고 본다면, 나는 여기에 있고 법은 저기에 있고, 이렇게 차별이 생겨 버리죠. 그러나 그것은 불법은 아닙니다. 우리 불도는 아닌 거죠. 그것은 외도입니다.

  법은 언제든지 우리가 불이법이라고 얘기하듯이 바로 (손을 들면서) 이 것입니다. 그러니까 저 하늘의 무엇을 얘기하든 자기 속에 있는 무엇을 얘기하든 똑같은 겁니다. "하늘에 비행기가 떠간다" 하든 "아, 지금 내가 이런 생각이 들었어. 이런 느낌이 있고, 기분이 이래. 나는 이런 사람이야" 하든 똑같은 것입니다. 아무 차이가 없어요. 똑같이 이 하나가 드러나고 이 하나를 확인하고 있는 것뿐입니다. 그렇기 때문에 법을 가리키는 이 말을 어떤 대상을 놔두고 얘기한다고 하면, 바로 오해가 되어 버리는 것입니다. 그렇게 되어 버리면 이 법과는 관계가 없습니다. 그렇기 때문에 반드시 이 법이 가리키는 말을 잘 듣고, 제가 가리키고자 하는 것이 와 닿을 때는 그런 주관·객관이라는 차별이 싹 소멸이 됩니다. 안팎이 없어요. 전부가 똑같습니다. 그냥 (손을 들면서) 이 하나죠. 우리가 그런 체험을 일러서 견성했다고 이름을 붙이는 것입니다. 자타, 안팎, 주객, 이런 모든 차별이 소멸하고 그냥 이것 하나가 분명해지는 것입니다. 이것을 일러서 한 번 체험한다고 하는 거거든요. 이것이 분명해지면 안팎이 없는 곳에서 안과 밖을 얘기하고, 주관 객관이 없는 곳에서 주관 객관을 말하고, 자타가 없는 곳에서 자기와 타자를 얘기한단 말이에요. 주관과 객관을 얘기하지만 주관과 객관도 없고, 안과 밖을 얘기하지만 안과 밖이 없고, 자기와 타자를 얘기하지만, 자기도 없고 타자도 따로 있는 게 아닙니다. 그러니까 (책상을 두드리며) 이것이 한 번 와 닿아야 돼요. 이것이 한 번 와 닿아야 이 말이 무슨 얘기인지를 알 수가 있는 것이지 그전에는 알 수가 없는 겁니다.

어쨌든 이 하나를 계속 가리켜 드리니까 제가 가리켜 드리는 것만 눈이 빠지도록 귀가 뚫리도록 관심을 가지고 들어 보시면, 언젠가는 이것이 한 번 와 닿을 것입니다. 그러면 그때는 알 수가 있습니다. 그 전에는 꿈도 못 꾸던 것을요. (손을 들면서) 이 일 하나입니다. 이것을 그냥 가리킬 뿐입니다. 다른 것은 없습니다.

"관자재." 이것도 주관 객관이 따로 없고 보는 사람과 보이는 대상이 차별되지 않을 때 자재하게 되는 것입니다. 주관이 있고 객관이 있으면 그 사이에 차별이 탁 생기는데 어떻게 자재할 수가 있습니까. 자재할 수가 없습니다. 모든 차별이 사라지고 둘이 없을 때, 그때는 생각하는 사람이 곧 생각이고 생각이 곧 생각하는 사람이고, 보는 사람이 곧 보이는 것이고 보이는 것이 곧 보는 사람입니다. 차별이 없어져 버려요. 그러면 걸리는 것이 없고 막히는 것이 없어요. 그냥 이 일 하나뿐이란 말입니다. 이것 하나뿐입니다! 항상 언제든지 (책상을 두드리며) 이 일 하나입니다.

그러니까 중생은 이법(二法)에 머물러 있는 사람입니다. 자기가 따로 있고 타자가 있고, 안이 있고 밖이 있고, 주관이 있고 객관이 있고, 이렇게 나뉘어 있는 데서 자꾸 자기를 추스르는 게 중생입니다. 중생은 자기가 있기 때문에 번뇌가 있는 겁니다. 자기라는 존재가 따로 없으면, 번뇌도 있을 수가 없죠. 안 그렇습니까? 옆에 있는 산이 우르르 무너져도 우리는 번뇌하지 않습니다. 그러나 내 살에서 털 하나만 빠져도 번뇌가 옵니다. '나'라고 하기 때문에 번뇌가 되는 겁니다. 그러니까 하여튼 (책상을 두드리며) 이게 분명하면, 그런 차별과 자타가 없어져 버리고, 이 일 하나입니다. 모든 경우에 차별 없이 단지 이 하나입니다. 이것이 어쨌든 한 번 와 닿는 것입니다. 신비한 뭔가가 있는 것이 아닙니다. 다만 우리가 나누고 분별하던 그 습관이 변하는 것입니다. 그것뿐입니다. 공부에 뭔가 특별한 일이 있는 것이 아니에요. 공부를 해서 이상하고 특별한 능력을 얻는 것이 아닙니다. 신비로운 존재가 따로 있고 나는 여기 있고 한 것도 아니고요. 전혀 그런 것이 아닙니다.

관자재보살이 깊은 반야바라밀다를 실행할 때에…

"깊다" 하는 것은 평소에 늘 습관화 되어 있는 그런 일과는 다르다는 측면에서 깊다고 한 겁니다. 얕은 물 속은 잘 보이지만 깊은 물 속은 안 보이잖아요. 그런 것처럼 평소에 늘 습관적으로 행하고 있는 이것은 이미 다 알고 있습니다. 그런데 이 법은 습관적으로 행하는 것과는 전혀 다르니까 모르는 것이죠, 안 보이는 것이고요. 그래서 "깊다"는 표현을 쓴 것입니다. 하여간 깊다고 하든, 뭐 어떻다고 하든 바로 이것입니다. 깊다고 해서 깊음이 따로 있는 것이 아닙니다. 이것은 비유적인 말입니다. 바로 (손을 들면서) 이 일이라는 말입니다. 사실 이것은 깊고 얕고 할 것도 없죠. 여기에는 깊고 얕고 할 것이 없습니다. 똑같습니다, 항상! 비유적으로 얘기하면, 이 법이 분명해지면 이 세계 우주는 두께가 없는 평면입니다. 똑같아요, 전부 다! 이걸 평등법이라고 얘기를 합니다. 또는 환상과 같다, 꿈과 같다고 얘기하잖아요. 꿈은 두께가 없잖아요. 환상도 두께가 없습니다. 온갖 모습이 다 있을 뿐, 다 똑같은 일입니다. 그러니까 (책상을 두드리며) 이 일입니다. 이 일 하나입니다.

그러니까 이것은 굉장히 쉬운데, 너무나 쉬운 일인데, 우리가 익숙하지 않기 때문에 쉽게 와 닿지가 않을 뿐이에요. 알고 보면 이것만큼 당연하고 쉽고, 노력을 전혀 할 필요가 없는 그런 일은 없습니다. 이것은 전혀 노력이 필요 없는 것이거든요. 그냥 너무 당연한 일입니다. 조금도 애쓸 필요가 없는 겁니다. 조금이라도 애를 써서 이게 나타난다 하면 그것은 잘못된 것입니다. 애를 써야 법이 분명하고 애를 쓰지 않으면 법이 없다 한다면, 그건 뭔가 잘못되어 있는 겁니다. 이것은 전혀 애를 쓸 필요가 없고, 너무 당연한 것입니다. 전부 이 일이거든요. 이것이 명백한 것입니다. 갓 태어난 어린애나 온갖 산전수전을 겪은 청장년 또는 노년이나 법에서는 아무 차이가 없습니다. 똑같습니다. 산전수전 다 겪은 사람들은 그동안 온갖 망상으로 해왔을 뿐입니다. 아무것도 달라질 것이 없습니다. 다 똑같아요. 똑같이 이 일이 있을 뿐입니다. 온갖 망상을 경험해 놓고서 우리는 "아이고, 그동안 살아오면서 내가 많은 것을 봤다"고 하지만, 그것이 다 망상입니다. 날 때나 죽을 때나 똑같습니다. 아무것도 달라질 것이 없습니다. 그냥 이 일 하나가 있을 뿐이에요. 오묘한 일이 있는 것이 아닙니다. 그러니까 (손을 들면서) 이 일입니다. 이것은 너무 당연하고 쉽고 가까이에 있습니다. 누구든지 뜻만 있고 귀만 기울이면 됩니다. 석가모니께서 어렵고 난해한 이야기를 한 것이 아닙니다. 어렵고 난해한 이야기 같으면 아마 "아이큐(IQ) 몇 이상, 학력 얼마 이상만 이것을 공부해라"고 했을 겁니다. 아이슈타인의 상대성 이론 같은 것은 아무나 이해할 수 있는 것이 아닙니다. 그러나 이것은 그런 어려운 진리가 아니란 말입니다. 누구든지 말귀를 알아들을 수만 있으면 됩니다. 학교 문턱을 넘지는 못했어도 말귀는 알아듣잖아요. 말귀를 알아들을 수 있으면, 가르침을 듣고서 이것은 누구든지 확인할 수 있습니다. 이 일뿐입니다.

"도가 뭐요?"
"뜰 앞의 잣나무."
"마음이 뭐요?"
"죽비."

이것이 뭐가 어렵습니까? 하나도 어려울 것이 없잖아요. 애쓸 것이 뭐가 있습니까? 아무것도 애쓸 것이 없습니다. 힘들 것이 뭐가 있습니까? 아무것도 힘들 것이 없습니다. 붙잡고 놓고 노력하고 할 것이 뭐가 있습니까? 이것은 숨 쉬는 것과 같고 걸음 걷는 것과 같고 눈 깜빡이는 것과 같아요. 눈 깜빡이는 데 무슨 노력이 필요합니까? 이 일은 너무 당연한 일이거든요. 눈 깜빡이고 입 벌리고 밥 먹고 물 마시는 것과 똑같아요. 이건 아무 노력이 필요 없는 겁니다. 자기 스스로 여기에 무슨 의미를 부여하고, 자기 스스로 여기에다 생각을 집어넣어서, "도라는 것은 아마 이런 것일 거야" 하고 만들기 시작하면 엄청나게 어려워지고 굉장히 문제가 되죠. 그렇게 되면 그건 도가 아니고 망상입니다.

옛날부터 스님들께서 항상 해온 말씀이 있습니다. "행주좌와, 손발 움직이고 왔다 갔다 하고 앉고 눕고 걸어 다니고 물 마시고 밥 먹고, 평소 하는 일이 바로 이것이다. 다른 일이 무엇이 있느냐?" 그래서 이것을 '일용사(日用事)'라고 합니다. 평소 하는 일이라는 것이죠. 일상사입니다, 일상사. 그래서 "평상심이 도"라고 그러잖아요. 평소에 늘 하는 일이 그냥 이것뿐이라. 여기에 무슨 다른 일이 있습니까? 그냥 이것뿐이거든요. 그런데 생각이 들어와서 "도는 아마 이런 것이 아닐까?" 하고 망상을 해버리면 도는 엄청나게 어렵고 위대하고 특별하고 이상한 것이 되어 버립니다. 그건 전부 망상입니다. 전혀 그런 것이 아닙니다. 그래서 도인이라고 해서 특별한 사람이 아닙니다. 오히려 가장 평범한 사람이죠. 다만 번뇌가 없을 뿐이죠. 망상을 안 하니까요. 똑같이 평범한 일반 사람들은 자기가 일으킨 망상에 자기가 당하지만, 이게 분명하면 그런 일을 안 당하는 것이죠. 자기가 일으킨 망상에 자기가 당하는 것입니다. 남이 해주는 것이 아닙니다. 그러니까 자업자득이라고 그러잖아요. 번뇌는 자업자득이에요. 그래서 이게 분명하면 그런 자업자득할 일은 하지 않습니다. 항상 이것입니다.

그러니까 알고 보면 세상에 이것만큼 당연한 일이 없는 것이고, 그래서 부처님이 고맙고 위대한 것입니다. 이렇게 당연하고 평범하고 너무 당연한 진실을 어떻게 알고 이것을 알려 줬을까? 이것은 정말 평범한 일이거든요. 우리는 특별한 일에만 관심이 있지 평범한 일에는 관심이 없습니다. 이것은 당연하고 평범하고 일상적인 진실이기 때문에 사실 가장 중요한 겁니다. 특별한 일은 중요하지 않습니다. 일상적인 일이 우리한테 가장 중요한 것이죠. 평소에 늘 접하는 것이 중요한 것이지, 어쩌다가 한 번 접하는 특별한 일은 사실 그렇게 중요한 것이 아닙니다. 평소에 늘 하는 일이기 때문에 이것이 중요한 거예요. 이것이 결정적으로 중요한 겁니다. 특별하고 오묘해서 그 순간에만 접할 그런 일이라면 그건 중요할 것이 없어요. 그런 일은 안 하면 되는 거니까요. 그런데 이것은 안 할 수가 없는 것입니다. 평소에 늘 하는 일이 이 일이고, 여기서 절대로 벗어날 수가 없습니다. 모든 일이 여기서 다 벌어지는 일이에요. 그래서 이것은 평범하고 당연한 일이지만 중요하지 않을 수가 없는 거예요.

우리는 매우 열심히 연구를 하고 배우고 또 배우고 해서 높고 깊은 그런 일에는 관심이 많은데, 전혀 배울 필요도 없고 날 때부터 가지고 있는 이것에는 관심이 없습니다. 관심이 없어서 이 공부를 못하는 것이지 아무런 다른 이유가 없습니다. 우리는 조금도 애쓸 필요가 없는 여기에는 관심이 없어요. 도 공부 한다는 사람들도 다 그렇습니다. 대부분이 특별하고 이상한 쪽에만 관심이 있지, 그냥 차 마시고 손가락 들고 눈 깜빡이고 하는 이것에는 관심이 없습니다. 그러니까 공부가 엉뚱한 길로 가는 것입니다. 선(禪)을 생활에 접목시켜야 한다고 하는데, 그럴 필요가 없습니다. 생활이 바로 선(禪)입니다. 접목시킬 이유가, 그럴 필요가 없습니다. 평소 이 일입니다. 평소 이것뿐입니다. 선이 뭐 특별한 일이라고 접목을 시킵니까? 평소 생활 자체가 선이라니까요. 이 일이고 이것뿐입니다. 다른 일이 있는 것이 아니에요. 이것은 너무 쉽습니다. 절대로 어려운 것이 아닙니다. 그러니까 이것이 보편적인 진리여서 모든 사람에게 해당되는 것입니다. 공부는 어려운 것이 아닙니다. (손을 들면서) 이 일입니다. 이 일 하나입니다. 언제든지, 뭘 하든지, 얼굴을 찡그리든 입술을 달싹이든 눈을 깜빡이든 목 고개를 돌리든 그냥 이 일 아닌 일이 없습니다. 전부 이 일입니다. 여기서 다 되는 겁니다.

그래서 이것만 분명하면 특별히 공부라고 할 것이 없어요. 그냥 생활하는 한 순간 순간이 전부 이 일이니까요. 아무 다른 일이 없어요. 전부 이 일뿐입니다. 그래서 "도는 닦는 것이 아니고 다만 망상에 오염되지 않으면 된다"고 한 것입니다. 망상이 뭡니까? 자기가 생각을 일으켜서 이러쿵저러쿵 하는 것이 망상입니다. 도를 애써 닦을 필요도 없고 애써 실천할 필요도 없습니다. 도를 알든 모르든 이 일 하나뿐인 것입니다. 모든 사람은 다 똑같습니다. 모든 물고기가 물 속에서 살듯이 모든 사람은 이 하나밖에 없어요. 다른 일이 없습니다. 자기가 그냥 망상을 하고 있을 뿐입니다. 헛된 꿈을 꾸고 있을 뿐이지, 이 일 아닌 다른 일이 있는 것은 아니에요. 하여튼 이 공부는 절대로 어려운 것이 아니니까 공부한다고 자기를 괴롭힐 필요도 없고 힘들게 할 이유도 없습니다. 평소 늘 하던 대로 생활하면서 단지 마음을 이쪽으로 기울여서 여기에 관심을 가지고 귀를 이쪽으로 기울여 보고 그렇게 해서 점차 점차 여기로 가까이 다가오고, 심적으로 이 도에 가까워져야 하는 것입니다.

그래서 《법화경》에 보면 집을 나갔던 아이가 자기 집으로 돌아오는 비유가 있습니다. 어릴 때 집을 나가서 온 데 싸돌아다니며 자기 집이 어딘지를 모르고 거지 노릇하며 흘러 다니던 아이가, 우연히 자기 집에 구걸하러 왔다가 아버지한테 발견이 되어 자기 집의 머슴으로 고용이 되었습니다. 이제는 밖에 나가지 않고 집 안에 있는데, 그래도 지금까지 항상 바깥으로 돌아다니던 버릇이 있어서 몸은 집 안에 있지만 마음은 콩밭에 바깥에 가 있습니다. 처음엔 그렇다는 말이에요. 그래서 그 집 안에서 머슴살이를 수십 년을 시키는 거예요. 그리고 점점 직급을 높여 주면서 그 집의 모든 일을 관장할 수 있는 총지배인의 노릇까지 시켜요. 그러면 집안 살림을 다 알게 되죠. 마침내 아이는 옛날에 떠돌아다니던 기억은 아득하니 잊어버리고 집에서 생활하는 여기에 익숙해졌습니다. 그때서야 비로소 자기 아버지가 "애야, 내가 네 아버지다. 여기가 원래 네 집이다." 그렇게 얘기를 해주죠. 이게 《법화경》에 나오는 얘기입니다.

이 공부가 그렇다는 말입니다. 지금까지 수십 년을 다른 생각만 하고 살아왔으니까 자기 집으로 돌아오고 싶으면, 이것을 가리키는 여기에 자꾸 귀를 기울이고 마음을 항상 두어야 됩니다. 그래서 여기에 조금씩, 조금씩 익숙해지다 보면, 친근해지다 보면, 언젠가는 이것이 확 통하고, 그때서야 "아하, 이게 나구나. 나라는 게 바로 이것이구나!" 하게 됩니다. 그때가 바로 자기 아버지가 "애야, 네가 내 아들이다" 하는 바로 그 순간인 것입니다. 공부는 그렇게 되는 것입니다. 경전에도 그대로 나와 있단 말이죠. 몸은 집에 들어와 있는데 자꾸 떠돌아다니던 그쪽에만 마음이 가 있으면, 그 집안에 익숙해질 수가 없습니다. 그러면 언젠가는 또 집을 나갑니다. 그러니까 항상 마음이 여기에 있고 뜻이 여기에 있고 관심을 여기에 두어서 심적으로 법에 가까워져야 되는 것입니다. 법회에 참석하는 이유도 바로 이런 데에 있습니다. '참선(參禪)'이라는 말 자체도 그런 뜻이에요. 참선은 '선에 참여한다'는 말이에요. 자꾸 참여하다 보면 선에 익숙해집니다. 그러면 참선이 곧 깨달음이죠. 선과 충분히 익숙해지면, 바로 선(禪)이 나고 내가 선이죠. 참선은 가부좌 틀고 앉아 있는 것이 아닙니다. 법에 가까워지고 법에 익숙해지고 심적으로 법과 가까워지는 것이 참선입니다. 법회에 참석을 하고 설법을 듣는 이유가 거기에 있는 것입니다. 법회에서 계속 (손을 들면서) 이것을 가리켜 주니까요.

그러니까 이것은 습관이 고쳐지는 문제입니다. 금방 말씀드린 《법화경》 비유도 그렇잖아요. 그 사람의 습관이 고쳐진 겁니다. 대단한 깨달음이 따로 있는 것이 아닙니다. 이 법에 자꾸 익숙해져서 여법하게 되는 것입니다. 그래서 법을 보는 안목이 확실해지고, 확실히 망상에 안 빠지고, 확실하게 이게 뚜렷해지는 것입니다. 그러면 언제든지 다른 일이 없습니다. 그렇기 때문에 항상 믿음을 얘기하는 것입니다. 믿음이 있다는 것은 그것이 진실이고 좋기 때문에 관심을 가지는 것 아닙니까? 그런 관심이 필요한 것입니다. 그것이 없으면 딴 생각을 해버립니다. 그러면 공부가 안 되는 것입니다. 그러니까 (손을 들면서) 이 일입니다.

법회는 법을 선양하는 자리라고 합니다. 그래서 제가 하는 역할은 법을 (손을 들면서) 이렇게 계속 드러내는 겁니다. 선양(宣揚)이라는 게 뭡니까? 드러내어서 계속 드러내는 겁니다. 이 법을 계속 드러내어서 여기에 익숙해지도록 자꾸 이것을 드러내는 겁니다. 그것이 공부인 것이지 다른 것은 없습니다. 석가모니도 그렇게 가르쳤습니다. 항상 대중을 모아 놓고 법을 (손을 들면서) 이렇게 드러내었습니다. 그래서 제자들이 자꾸 법에 더 가까이 더 가까이 갈 수 있도록, 더 여법해지도록 말입니다. 충분히 가까워지면 자기도 석가모니하고 똑같은 데서 통하게 되는 것이죠. 그러니까 (책상을 두드리며) 이 일일 뿐입니다. 이 일입니다. 이것은 어려운 것이 아닙니다. 아주 쉽습니다. 자기가 엉뚱한 생각, 딴 생각만 안 하면 됩니다. 법에 대한 자기 나름의 희망이나 바람이나 기대가 있으면 망상이 되어 버립니다. 법은 자기가 모르는 것입니다. "아마, 이런 것일 거야" 하고 기대하지 마십시오. 기대하면 그 기대가 망상을 만들어 내어 엉뚱한 데로 가버립니다. "나는 모르고, 이 진실이 드러나면 그때야 비로소 알겠지." 법은 이렇게밖에는 안 되는 것입니다. "아마 이런 게 법일 거야" 하고 기대하지 마십시오. 기대하면 그것은 다 망상입니다. 그런 기대가 무엇 때문에 망상이 되는 것일까요? 그런 기대는 자기 내부에서 저절로 생긴 것이 아닙니다. 결국에는 뭔가 보고 들은 것이 있기 때문에 생긴 것입니다. 다 배워서 만든 망상이란 말입니다. 어린애가 그런 기대를 하겠어요? 아무것도 보고 들은 것이 없는데? 결국 보고 들은 그것 때문에 일으키는 망상입니다. "아마 법은 이렇게 되어야 할 거야" 하는 것은 다 망상입니다. 그러니까 마치 어린애처럼 아무런 기대도 하지 마시고, 여기서 제가 가리켜 드리는 것만 잘 보십시오. 이것뿐이거든요. 딴 일이 있는 게 아닙니다.

"도가 뭐요?"

"(손을 들면서) 이것입니다."

"마음이 뭡니까?"

"(죽비를 들면서) 이것이 죽비입니다."

"깨달음이 뭡니까?"

"(죽비를 손으로 두드리며) 이것이 죽비요."

"부처가 뭡니까?"

"(죽비를 손으로 두드리며) 이것이 죽비요."

"선이 뭡니까?"

"(죽비를 손으로 두드리며) 이게 죽비요."

"견성이 뭡니까?"

"(죽비를 손으로 두드리며) 이게 죽비요."

이것이거든요. 다른 일이 있는 것이 아닙니다. (죽비를 들면서) 이것이 죽비라고요. 하여튼 (책상을 두드리며) 이 일뿐입니다. 다른 일이 없고 그저 이 일입니다. 자기 나름대로 생각을 가지고서는 안 되는 것입니다.

그러니까 보고 듣고 배워서 생긴 자기의 생각이 일절 개입이 되지 않으면, 그것을 일러서 "깊은 반야바라밀다"라 하는 것입니다. 말이 "깊은 반야바라밀다"이지 "반야바라밀다"라고 할 그런 물건이 따로 있는 것이 아닙니다. 이 일 하나입니다. 다른 일이 있는 것이 아니고, 언제든지, 언제나 다만 이 일 하나뿐입니다. 불교에서는 조복(調伏)이라는 표현을 쓰는데, 조복이라는 것은 내가 모든 것을 장악하는 것입니다. 이것이 분명해지면 특별한 일이 있는 것이 아니고, 어디에도 구속받지 않으면서 모든 것을 내가 장악할 수 있는 능력이 생깁니다. 그런데 이것이 확실하지 않으면 우리는 뭔가에 의지를 하게 되어 있어요. 자기 혼자서 모든 것을 장악할 수 있는 힘이 없기 때문이죠. 중생은 어딘가에 의지를 합니다. 의지를 하면 도인이 아닙니다. 몸에 의지를 하든, 아상(我相), 자기라는 개념에 의지를 하든, 자기 지식에 의지하든, 자기 지위에 의지하든, 자기 재산에 의지를 하든, 무언가에 의지를 해서 그것을 가지고 뭘 하려고 한단 말이죠. 그건 중생이 자기 스스로 홀로서기 할 힘이 없으니까 그런 짓을 하는 것입니다. 이것이 분명하면 온 우주가 자기 손아귀 속에 딱 들어옵니다. 아무 데도 의지를 하지 않습니다. 아무 데도 의지를 하지 않고 모든 것을 자유롭게 할 수가 있습니다. 그래서 "관자재"라는 표현을 쓰잖아요. 하여간 (손을 들면서) 이 일입니다. 이게 분명해야 됩니다. 생각으로 하면 안 됩니다. 절대 생각으로 하면 안 돼요. 이것이 반드시 한 번 분명해지면서 차별이 사라져 버려야 합니다. 차별이 사라지면 전부가 차별 없이 똑같이 그냥 이 하나입니다. 그래서 우리가 주객(主客)이라 하지만 주인과 손님이 따로 없습니다. 다른 종교 식으로 얘기하면 창조주와 피조물이 따로 없단 말입니다. 따로 있으면 창조주도 피곤하고 피조물도 피곤해요. 주인과 손님이 따로 있으면 주인도 피곤하고 손님도 피곤해요. 그런 차별이 없어져 버리는 것입니다. 모든 차별이 없어지고 그냥 이것 하나입니다. 단지 모든 것은 차별 없이 이 하나일 뿐입니다.

관자재보살이 깊은 반야바라밀다를 실행할 때에 오온이 모두 공임을 비추어 보고서 모든 고통을 벗어난다.

"오온(五蘊)"이라고 하는 것은 불교 용어죠. '색(色)·수(受)·상(想)·행(行)·식(識)'이라고 이렇게 번역이 됩니다. 물질과 마음으로 구분한다면, '색'은 물질에 해당되는 부분이고, '수·상·행·식'은 마음에 해당되는 부분입니다. 우리가 보통 알고 있는 식으로 얘기하자면요. '수'는 느낌, '상'은 생각, '행'은 의지나 욕망, '식'은 의식입니다. 이런 것들은 전부 분별하는 것들이죠. 무슨 느낌이 있다, 어떤 생각을 한다, 어떤 욕구가 있다, 내 의식이 어떻다, 몸이 어떻다, 물질이 어떻다, 정신이 어떻다, 이렇게 경험되는 세계를 몽땅 얘기할 때 오온이라고 그럽니다. 이런 분별되는 세계가 전부 공(空)이라고 하는 것은 '빌 공(空)' 자이지만, 텅텅 비어서 아무것도 없다는 그런 말은 아닙니다. 여기서 '공(空)'이라고 하는 것은 '있다'와 '없다'에 해당이 안 되는 것입니다. '있다 없다'라고 분별할 수 있는 것이 아닙니다. 그러니까 공이라는 것은 하나의 방편상의 표현이죠. 공(空)이라는 어떤 절대적인 실체가 있다는 말이 아닙니다. 불교에서는 공(空)을 '중도(中道)'라고도 표현을 합니다. 또 '연기(緣起)'라는 이름으로도 표현을 하는데, 그것은 분별할 수 없다는 뜻입니다. 어떤 식으로든지 분별되고 이해되는 것이 아니다, 정할 수 없다, 한마디로 '알 수 없다'는 말입니다. 공(空)이라는 것은 그런 말이지, 텅텅 비어서 아무것도 없는 허공(虛空)을 뜻하는 것이 아닙니다. 다시 말하면 물질의 상대적인 개념이 아니란 말입니다.

"오온(五蘊)이 공(空)이다"라고 한 것은, 우리가 있다고 여기는 물질, 느낌, 생각, 의식이 사실은 있다고 할 수 있는 것이 아니라는 것입니다. 그렇다고 없다고 주장하는 것이 아닙니다. '있다, 없다'라고 단정할 수 없다는 말입니다. 그런 쪽에 있는 일이 아니라는 것입니다. 흔히 공(空)을 꿈과 환상을 들어 비유적으로 말합니다. 꿈을 꾸면 꿈의 모습이 나타나니까 우리는 그것이 있다고 여기지만, 사실 그건 있는 것이 아니잖아요. 그러니까 있다고 해도 정확하게 맞는 말이 안 되고, 없다고 해도 꿈을 표현한 말로는 안 맞는 것이죠. 꿈을 꾸는데 그것을 없다고 할 수도 없고, 또 꿈을 꾸지만 거기에 무엇이 있다고 할 수도 없습니다. 환상이나 꿈을 생각해 보시면, 공(空)이라는 표현을 약간 이해할 수 있을 것입니다. 그러나 공(空)이라는 것은 이해로 되는 것은 아닙니다. 어쨌든 이것이 한 번 딱 분명해지면, 이 세계는 마치 꿈과 같이 있는 것도 아니고 없는 것도 아닙니다. 이 꿈은 끝나는 꿈은 아닙니다. 깨는 꿈은 아니에요. 우리가 잘 때 꾸는 꿈은 눈을 뜨면 깨지지만, 우리 앞에 펼쳐져 있는 세계라는 꿈은 꾸는 게 따로 있고 깨는 게 따로 있는 그런 차별되는 꿈은 아닙니다. 하여튼 이것이 딱 한 번 분명해져야 왜 이런 얘기를 하는지 납득이 됩니다. 그 전에는 어떻게도 설명할 수가 없습니다.

"오온(五蘊)이 공(空)임을 비추어 본다." 이 말은 오온(五蘊)이 공(空)이라는 사실이 스스로에게서 드러난다고 할 수 있겠죠. 그런데 "오온이 공이다"라는 것도 하나의 방편상 표현입니다. '오온이 바로 공'이라고 하는 어떤 진리가 있다고 생각하면 안 됩니다. 절대 그렇게 생각하면 안 돼요. 그러면 벌써 그것은 공이 아닙니다. 그건 전부 생각입니다. 그런데 우리는 자꾸 그런 식으로 가고 싶어 하죠. 개념이 있으면, 개념이 그려 주는 그림이 어딘가에 있을 것이라고 믿고서 자꾸 그렇게 가려고 합니다. 그것이 바로 중생의 병입니다. "색즉시공 공즉시색", 색이 바로 공이고 공이 바로 색입니다. 그런 진실, 그런 본질, 그런 현상 뒤에 숨

겨진 사실이 있다고 이해하려 하는데, 절대로 그런 말이 아닙니다. 방편상 그렇게 말하는 것입니다. 그렇게 보고 싶다면 그렇게 볼 수야 있겠죠. 하지만 그건 망상입니다. 확고부동한 진실은 아닌 것입니다.

양자역학에서 이런 소리를 합니다. 파동으로 보고 싶으면 파동으로 보이고, 알맹이로 보고 싶으면 알맹이로 보인다고 말이죠. 그래서 어느 한쪽도 절대적인 진리는 아닌 것이죠. 그래서 양자역학을 보는 시각과 불교에서 보는 시각이 비슷하다고 하는 사람이 있습니다. 그것도 역시 하나의 방편일 뿐이지 그런 진리가 있다는 것은 아니에요. 그런데 그런 것은 생각할 필요가 없습니다. (손을 들면서) 이것이 분명해져야 되는 겁니다. 여기에는 알맹이도 없고 파동도 없고 공도 없고 색도 없어요. 그런 것이 있는 게 아닙니다. 여기에는 차별이 없다니까요. 아무런 그런 차별이 없어요. 그냥 다 방편이에요. 이게 분명하면, 이런 것은 아무것도 아니에요. 무슨 심오한 진리를 품고 있는 것이 아닙니다. 단순히 하나의 방편입니다. 이 일이 분명해야 됩니다. 이 일일 뿐입니다.

"오온이 모두 공임을 비추어 보고서." 이것 하나가 분명해지면, "모든 고통을 벗어난다", 모든 번뇌가 사라진다… 이것이 분명해지면 아무것도 번뇌할 일이 없습니다. 마음이라 할 것도 없고, 몸이라 할 것도 없고, 삶이라 할 것도 없고, 죽음이라 할 것도 없습니다. 과거 · 현재 · 미래도 따로 있지 않습니다. 희망을 걸 미래가 따로 없고, 돌아볼 과거도 없고, 머물러야 될 현재도 없어요. 그런 걸리는 일이 아무것도 없습니다. 그냥 언제든지 한결같이 시작도 없고 끝도 없이 그냥 이 일뿐입니다. 영원히 이것 하나뿐입니다. 영원히 (책상을 두드리며) 이것 하나뿐입니다. 그래서 뒤에 보면 "불생불멸"이라고 나옵니다. 시작도 없고 끝도 없다는 말입니다. 생(生)은 시작이요, 멸(滅)은 끝 아닙니까? 시작도 없고 끝도 없이 언제든지 한결같이 항상 이것 하나입니다. 그러니까 세상은 변하는 것이 아닙니다. 자기 자신은 변하지 않습니다. 겉모양은 생로병사를 따라 흘러가지만, 실상을 보면 아무것도 변하는 것이 없습니다. 날 때부터 죽을 때까지 한결같이 이것 하나뿐입니다. 아무것도 다른 것이 없습니다. 더 아름다운 것도 없고 추한 것도 없고, 희망을 가질 것도 없고 절망할 것도 없고, 아무런 차별이 없습니다. 그저 언제든지 단지 이 일뿐입니다. (손을 들면서) 이 하나일 뿐입니다. 그래서 이것만 분명하면 아무 일이 없습니다. 온갖 일이 다 있어도 아무 일이 없습니다. 항상 그저 이 일뿐입니다. 이 하나의 일일 뿐입니다. 하여튼 (책상을 두드리며) 이것이 분명해지는 겁니다.

그래서 이것이 명확하지 않으면, 무슨 수를 쓴다 하더라도 번뇌가 없어지지 않습니다. 높은 지위에 있다 해서 번뇌가 없을 것 같습니까? 있습니다. 물질을 많이 모았다? 번뇌가 왜 없겠습니까. 많이 배웠다? 배운 사람도 번뇌가 있습니다. 어떤 황홀한 경지를 맛봤다? 그 사람도 역시 번뇌가 있습니다. 마치 약 먹고 체험하듯이 황홀한 경지를 체험했을 뿐이지 근본적으로 좋고 나쁨이 사라지지 않았기 때문에, 영원하다 무상하다 하는 차별이 사라지지 않았기 때문에, '나'다 타인이다 하는 차별이 사라지지 않았기 때문에 번뇌가 없을 수가 없습니다. 번뇌가 사라지려면 그런 모든 차별이 없어져 버리고 언제든지 딱 하나가 되면 됩니다. 차별이 없는데 무슨 번뇌가 있겠습니까? 그러면 번뇌도 없고 번뇌가 없는 행복도 없고, 그런 차별 자체가 없습니다. 번뇌도 없고, 번뇌가 사라지는 일도 없습니다. 그래서 이 《반야심경》 뒷부분에 "생로병사도 없고, 생로병사가 없어지는 일도 없다"고 나옵니다. 번뇌도 없고, 번뇌가 없는 해탈도 없다는 것입니다. 그런 모든 차별이 없습니다. 언제든지 단지 이것뿐입니다. 이 일 하나란 말이죠. 항상 똑같습니다. 항상 이 하나뿐입니다. 늘 이것뿐입니다. (딱! 딱! 딱!)

세 번째 법문

사리자여, 색은 공과 다르지 않고 공은 색과 다르지 않으며,[12] 색이 바로 공이고 공이 바로 색이다.[13] 수·상·행·식도 역시 그와 같다.

舍利子, 色不異空空不異色, 色卽是空空卽是色, 受想行識亦復如是.

---

12) 색으로 말미암아 공이 있고, 공으로 말미암아 색이 있다. 색이 있으면 공이 있고, 공이 있으면 색이 있다.
13) 색이 없으면 공도 없고, 공이 없으면 색도 없다.

사리자여, 색은 공과 다르지 않고 공은 색과 다르지 않으며, 색이 바로 공이고 공이 바로 색이다. 수·상·행·식도 역시 그와 같다.

舍利子, 色不異空空不異色, 色卽是空空卽是色, 受想行識亦復如是.

'색·수·상·행·식'은 앞에서 나왔던 '오온(五蘊)'을 가리키는 것입니다. 색(色)은 물질, 육체, 수(受)는 감각, 상(想)은 생각이고, 행(行)은 행위, 의지, 식(識)은 의식으로 우리가 경험하는 것을 다섯 가지로 분류해 놓은 것입니다. 말하자면 이 세계를 가리킨다고 해도 좋습니다.

사리자여, 색은 공과 다르지 않고 공은 색과 다르지 않으며, 색이 바로 공이고 공이 바로 색이다. 수·상·행·식도 역시 그와 같다.

차근차근 접근을 해보겠습니다. "색은 공과 다르지 않고 공은 색과 다르지 않다." 우리가 이 문구대로만 하면 "여기 색이라는 물질이 있고 공이 있다, 물질과 공이 다르지 않고 물질이 바로 공이다"라고 이해가 됩니다. 그러나 그렇게 되면 결국 색이라는 개념과 공이라는 개념이 왜 다르지 않고 같은가에 따른 이유가 또 붙어야 됩니다. 즉 "이러이러한 이유로 다르지 않고 같다"라고 말입니다. 그러나 "색이라고 하는 것이 따로 있고 공이라는 것이 따로 있는데, 그 두 가지가 같다 혹은 다르다", 이런 식으로 이해를 하는 것은 잘못 아는 것입니다. 우리가 불법을 얘기할 때는 개념을 세우는 것이 아닙니다. 그래서 색(色)을 얘기하지만 '색'이라는 어떤 독립적인 사물이 분별된다는 뜻에서 얘기하는 것은 아닙니다. 그래서 "색은 곧 공이고 공은 곧 색이며, 색과 공은 다르지 않다"고 얘기를 하는 것입니다. 공(空)이라는 말도 아무것도 없는 허공이 있고, 텅텅 비어 있다는 개념으로 받아들이면 안 됩니다. "이 물질세계의 겉모습은 이렇게 다 드러나 있는 것 같지만, 미시적인 세계로 들어가면 어떤 알갱이도 없고 파동이 있을 뿐이다"라고, 이것을 마치 물질적인 진실을 얘기하는 것처럼 받아들이면 안 된다는 것입니다.

　불교는 개념을 세워 놓고 그것을 정확하게 하는 것이 아닙니다. 그렇게 하는 건 세속의 학문입니다. 달리 말하면 그건 우리의 생각 속의 일인 것입니다. 그럼 불법은 무얼 얘기하느냐? 항상 얘기하는 것이 똑같습니다. "우리가 그렇게 분별하고 만들고 하는 그 짓을 하지 마라." 이 얘기를 하고 있는 겁니다. 이것은 아주 단순한 겁니다. 이것을 달리 말하면 "색과 공은 연기적인 관계다"라고 얘기를 합니다. '연기(緣起)'라고 하는 것은 이쪽저쪽이 따로 없다, 분별할 수 없다는 것입니다. 연기는 어려운 말이 아닙니다. "공(空)과 색(色)은 서로 뗄 수 없다, 분리되는 개념이 아니다"라는 것입니다. 우리는 개념적으로 분리해서 이해를 하지만, 그렇게 이해를 하면 안 맞습니다. "하나가 곧 둘이요, 둘이 곧 하나다." 이런 말도 합니다. 이런 모든 방편이 아주 단순하게 (손을 들면서) 단 하나를 가리키고 있을 뿐입니다. 우리가 지금 분별해서 이쪽과 저쪽을 나누어서 개념적으로 이해하는 그 버릇을 고치고자 하는 그 이유, 딱 하나밖에 없습니다. 분별해서 이쪽저쪽 나눠 놓고 이건 이것이고 저건 저것이고, 이런 것도 있고 저런 것도 있다, 이렇게 분별하는 이 버릇을 뜯어고치는 것, 이 하나가 오직 불교의 목적일 뿐입니다. 이 모든 얘기는 그 얘기를 하는 것입니다. "색이라는 것이 있고 공이라는 것이 있는데, 그 둘 사이의 관계가 어떻다." 이런 식으로 얘기하는 것이 아닙니다.

《금강경》의 얘기를 여기에 적용하면 이렇게 되겠죠. "색은 색이 아니고 이름이 색일 뿐, 색이라고 하는 그런 물건은 없다." 공도 마찬가지입니다. "공은 공이 아니라 이름이 공일 뿐, 공이라고 하는 그런 법은 따로 없다." 그것을 여기 《반야심경》에서는 "색은 공이고 공은 색이다" 이렇게 표현을 한 것입니다. 표현이 조금 다른 것처럼 보이지만 같은 얘기를 하고 있는 겁니다. 색이라는 개념을 세우고 공이라는 개념을 분별하면 이미 《반야심경》을 잘못 읽고 있는 겁니다. 그런 것이 아니라는 말입니다. 불교는 분별 망상하는 그 버릇 하나 뜯어고치는 것이 목적입니다. 그것뿐입니다. 아무 다른 목적이 없어요. 그 버릇 하나 고치는 것입니다. 물질세계의 진실을 얘기하는 것이 아닙니다. 아무리 현대 과학에서 하는 얘기와 《반야심경》에서 하는 얘기가 조금 그럴 듯하게 맞아 들어가는 측면이 있다 하더라도, 전혀 다른 입장에서 전혀 다른 목적으로 하는 얘기입니다. 그러니까 억지로 끼워 맞춰서 마치 불교가 물질세계의 과학을 얘기하는 듯이 한다면, 그것을 한자성어로 '견강부회(牽强附

會)'라고 합니다. 억지로 갖다 붙이고 엉터리로 끼워 맞춰서 망상을 부린다는 말이에요. 절대로 그런 식으로 이것을 얘기하면 안 됩니다.

불법은 언제나 목적이 딱 하나밖에 없어요. 공이니 색이니 색·수·상·행·식이니 하고 분별해서 그것이 따로따로 있다고 망상 부리는 그 버릇을 뜯어고치는 것, 목적은 이 하나뿐이거든요. 색이 이런 것이고 공이 이런 것이고, 그런 분별망상에서만 딱 풀려나면, 자기 자신에게서 놀라운 변화가 있습니다. 우리는 지금까지 수많은 경계에 얽혀 살아왔습니다. 좋아하고 싫어하는 수많은 경계에 얽매여서 자유가 없었습니다. 그런데 이것이 분명해지면 겉으로는 하나도 달라질 것이 없습니다만, 그러한 구속으로부터의 자유가 있단 말입니다. 그것이 해탈이죠. 불교는 무엇을 하는 공부냐? 해탈하는 공부입니다. 무슨 물질세계의 사실 관계를 규명하는 것이 아니고 해탈하는 공부입니다. 온갖 수많은 얽매임으로부터의 해탈. 번뇌라는 것은 기본적으로 얽매이는 겁니다. 다른 것이 번뇌가 아니에요. 뭔가 구속을 받아서 거기서 헤어나오지 못하면 기분이 안 좋죠. 그게 번뇌죠. 그래서 번뇌를 표현하는 한자로 얽어맬 '전(纏)', '결(結)', '박(縛)'을 씁니다. 얽매인다는 말입니다. 그래서 해탈을 표현하는 말이 있죠. 한 번 이게 탁 통하면 마치 얽히고설킨 실타래를 가위로 한 번에 싹둑 자르는 것처럼, 그 수많은 얽매임으로부터 자유가 있습니다.

그런 자유를 얻고 난 다음에 더 깊어지고 더 확실해지면, 결국 지금까지 내가 얽매이고 어쩌고 했던 것이 내가 만들어 놓은 환상이었다는 것을 알 수 있습니다. 환상이 아주 버릇처럼 되어 있었다는 말입니다. 환상이란 것이 단순히 일회적으로 지나가는 것이었다면 문제가 안 되죠. 그러나 그것이 반복되는 버릇이 되어 버리면, 환상은 환상이 아니고 실제가 되는 것입니다. 그것이 우리 중생의 업이고 번뇌의 본질입니다. 한 번 두 번 하다 보면 버릇이 되어 버립니다. 그래서 우리에게는 어릴 때부터 벌써 수십 년간 버릇이 된 얽매임이 있습니다. 불교 교리에서는 어릴 때부터가 아니라 "헤아릴 수 없이 아득한 전생으로부터"라고 얘기할 정도로 우리가 얽매여 있는 버릇의 뿌리가 깊은 것입니다. 그런데 이 법이 분명해지고 딱 드러나면, 아무리 오래된 버릇이고 그런 구속이 있다 하더라도 옛날 스님의 표현을 빌리면, "화로 위에 눈송이 녹듯이" 우리가 벗어날 수 있는 겁니다.

그것이 여기 앞에서 '관자재'라 했듯이 자재해탈인 것입니다. 아무 데도 구속받지 않고 모든 것을 자기가 조복시킬 수 있는 능력이 생기는 것이죠. 이것이 바로 불교입니다. 그런데 무슨 물질세계 진실이 어떻고 의식의 본질이 어떻고… 이렇게 얘기하는 것이 불교가 아닙니다. 전혀 그런 것이 아닙니다. 그렇기 때문에 개념적으로 이 불법에 관심을 가지고 배우려고 하지 마시고, 다만 좌우지간에 나 자신이 자유롭지가 못하다, 공부를 해서 이게 한 번 딱 맞아 떨어지면 자유가 온다, 이렇게 할 뿐입니다. '얽매인다, 자유롭다' 하는 것도 하나의 방편적 표현입니다. 사실은 (손을 들면서) 이 법 하나뿐입니다. 언제든지 이 하나의 법일 뿐입니다. 여기서 색도 말하고 공도 말한다고 얘기할 수도 있습니다. 그러니까 이것 하나가 오직 진실할 뿐입니다.

《반야심경》을 문자로만 읽는 사람은 불교를 뭐라고 얘기하느냐? 불교는 공교(空敎)이고 무(無)로 돌아가는 결론을 가진 가르침이다, 공(空)을 가르치고 무(無)를 가르친다, 그래서 불교는 염세주의다—염세주의란 세상에서 도피하고 뭔가 좀 부정적이고 긍정적이지 못한 것입니다— 이런 식으로 얘기한다는 것입니다. 그것은 문자만 보고 하는 어리석은 소리입니다. 전혀 그런 것이 아닙니다. 여기서 공(空)이니 색(色)이니 없니 있니 한 것은, 우리가 얽매여 있는 것에 대한 방편을 쓴 것입니다. 우리는 육체가 있으면 육체가 있다 하고 육체에 얽매여서 벗어나지 못하고, 의식이 있으면 의식이 있다 하고 의식에 얽매여서 벗어나지 못하고, 생각이 있으면 생각이 있다 하고 생각에 얽매여 벗어나지 못하고, 느낌이 있으면 느낌이 있다 하고 느낌에 얽매여 벗어나지 못하고, 욕망이 있으면 욕망이 있다 하고 욕망에 얽매여 벗어나지 못하니까 거기에 대한 방편을 쓰고 있는 것입니다. 욕망이 어디 있느냐? 육체가 어디 있느냐? 육체라는 것은 이름이 육체이지, 육체가 무엇이냐? 의식은 이름이 의식이지, 의식이란 도대체 무엇이냐? 이러는 것은 방편이죠. 공(空)이니 무(無)니 하는 방편을 쓴 것입니다. 그래서 색이니 육체니 생각이니 의식이니 욕망이니 이런 이름에 관심을 가질 필요가 없어요. 하여튼 "육체라는 것은 헛것이다" 하는 것이 "육체는 진실하다" 하는 것보다 좀 더 나을지 모르지만, 그것도 하나의 생각이죠. "육체라는 게 허망한 것이다"라는 생각을 가지든, 또는 "육체라는 것이 우리 존재의 근본이니까 굉장히 귀중한 것이다"라고 생각하든 둘 다 생각입니다. 그런 생각을 가지라는 것이 아니에요. 육체도 잊어버리고 생각도 잊어버리고 공도 잊어버리고 그런저런 개념을 가지지 말고, 좌우지간 지금 육체의 실상이 뭐고, 생각의 실상이 뭐고, 의식의 실상이 뭐고, 공의 실상이 무엇이냐? 당장에 (손을 들면서) 이것입니다. 이것이 분명해야 됩니다.

이런 방편들은 여러 가지 목적이 있습니다. 우선 육체나 생각이나 느낌이나 욕망이나 의식에 대한 우리의 집착을 끊어 주기 위해서 공(空)이라고 말하는 것입니다. 이건 아주 기초적인 측면입니다. 그 다음에 육체라는 개념, 공(空)이라는 개념, 더 나아가 공즉시색(空卽是色), 색즉시공(色卽是空), 공불이색(空不異色), 색불이공(色不異空) 하는 것은 연기적인 관계를 얘기하고 있는 겁니다. 말하자면, 공(空)이라는 개념이 색(色)과 따로 성립되지 않고, 색(色)이라는 개념은 공(空)과 따로 성립되지 않는다, 공(空)과 색(色)을 따로 분리해서 분별하여 생각하는 것은 허망한 것이다, 하고 방편을 쓰고 있는 것이죠. 더 나아가면 색도 잊어버리고 공도 잊어버리고 색도 아니고 공도 아닌 둘 아닌 (손을 들면서) 이것 하나를 가리킵니다. 여기서 색을 얘기해도 이것이고 공을 얘기해도 이것입니다. 그래서 이것이 한 번 분명하면 온 천지가 동일하게 그냥 이 하나일 뿐입니다. 그래서 세계는 법성해(法性海)다 하는 겁니다. 법성의 바다라! 이 법 하나로서 균일하게 똑같다는 말입니다. 단지 (한 손가락을 세우면서) 이 하나가 있을 뿐이란 말입니다. 이 하나가 딱 분명해야 수많은 차별로부터 벗어날 수 있는 겁니다. 이것을 우리가 법의 힘이라 하고, 반야의 힘이라 합니다. 이 반야의 힘이 분명하면 차별 망상의 힘에서 벗어날 수가 있습니다. 반야의 힘이 약하고 망상의 힘이 더 세지면, 우리는 번뇌 속에 빠집니다. 반야의 힘이 분명하면 망상의 힘을 누릅니다. 이것은 차별이 없습니다. 언제 어디서나 똑같습니다. 반야의 힘 속에는 구속이 없어요. 갈등이 없습니다. 왜냐하면 '나'라고 할 것도 없고 세계라고 할 것도 없기 때문에, 나와 세계가 차별되지 않기 때문에 구속이 없습니다. 언제든지 단지 이것 하나뿐이라는 말입니다.

  공부하는 사람은 사실 이런저런 것을 따질 것이 없습니다. 그냥 어찌 보면 무대포로 "오직 이것뿐이다!" 할 뿐입니다. 그걸 일러 옛날 스님이 '타성일편(打成一片)'이라 표현했습니다. '타'는 강조하는 말이고, '성'은 이룬다는 것입니다. '일편'은 한 조각, 딱 하나가 된다는 말이에요. '타성일편'이 되면 힘이 생겨서 흔들림이 없어진다는 것입니다. 이것 하나가 분명하면 그냥 언제든지 이것뿐입니다. 이런저런 일이 따로 있는 것이 아닙니다. 언제나 단지 이 하나뿐이라는 말이에요. 이건 아주 단순한 것입니다. 이게 분명하면 공이라 하든 색이라 하든 아무 상관이 없게 됩니다. 교학에서는 기본적으로 연기법과 방편이라는 범위 안에서 얘기하기 때문에 지금 이런 말씀을 드는 것이지, 선에서 이 법을 가리킨다면, "사리자여, 시계 하나뿐이다" 이렇게 얘기할 수 있습니다. 또는 "사리자여, 네가 지금 무슨 소리를 하느냐? 색이 어디 있고 공이 어디 있느냐?", "사리자여, 색이 나 자신이고 공이 나 자신이다", "색이 하늘이고 공이 하늘이다" 이렇게 할 수도 있습니다. 또 "색이니 공이니 무슨 소리를 해? 무슨 소리를 하고 있나? 어디에다 정신을 팔고 있어?" 이럴 수도 있는 거예요. 그냥 (책상을 두드리며) 이 하나입니다. 이 일 하나가 있을 뿐입니다. 이것이 확실하지 않으면, 쉽게 끌려가 버리니까 색이니 공이니 온갖 삼라만상이 전부 다 따로 있게 됩니다.

"차별 없이 둘이 될 수가 없고, 한결같이 이 하나가 오직 진실할 뿐, 그 나머지는 다 망상이다." 이런 말을 귀담아들어야 합니다.《반야심경》은《반야경》의 일부분입니다.《금강경》도《반야경》의 일부입니다.《반야경》이 항상 연기법과 공(空)의 방편을 씁니다.《반야경》을 읽어 보면 말하는 기본 양식이 있습니다. 이런 식입니다. "삼라만상 온갖 이름을, 헤아릴 수 없는 많은 이름을 다 시설할 수 있다. 그러나 어떤 이름도 실체가 없다. 그 이름에 해당되는 물건이 따로 없다. 전부 연기적인 분별에 의해서, 이것저것 분별하는 분별심에 의해서 만들어져 나온 것이다."《반야경》에서는 기본적으로 이런 방편을 쓰고 있습니다. 그렇기 때문에 '있다' 또는 '없다'고 얘기하지만, '있다'는 '없다'와 똑같은 말이라는 것입니다. '없다'는 말이 없다면 '있다'는 말이 있을 수가 없어요. '있다'는 말이 없다면, '없다'는 말이 있을 수가 없고요. 그러니까 무엇이 있느냐 없느냐 하는 것이 문제가 아닙니다. 문제는 그 말이 어떻게 만들어져 나오느냐 하는 것입니다. 좋다 나쁘다 하는 것도 안 그렇습니까? '나쁘다'는 말이 없이 '좋다'는 말만 있을 수는 절대 없습니다. 그렇기 때문에 '좋다'와 '나쁘다'는 태생이 똑같다는 말입니다. '있다'와 '없다'도 태생이 똑같아요. 동시에 쌍둥이가 되어서 같이 딱 나옵니다.

그런데 이 세상 모든 것의 이름은 다 그렇습니다. 하나의 뿌리에서 두 개의 가지가 나오듯이 항상 그렇게 나옵니다. 가지만 보면 따로따로 있는 것 같은데, 뿌리를 보면 따로 없습니다, 하나입니다.《반야경》에서는 그런 방편을 쓰고 있는 것입니다. 그래서 공(空)과 색(色)이라는 것은, 가지만 보면 공(空)과 색(色)이라 하지만, 뿌리로 가면 공(空)과 색(色)은 하나입니다, 똑같은 것입니다. 제일 간단하게 '있다 없다'는 말을 보십시오. "여기 돌멩이가 있다"라는 말을 한다고 합시다. 이 때 '돌멩이가 있다'는 말은 '돌멩이가 없다'는 말이 뒤에서 받쳐 주지 않으면 성립될 수가 없는 것이죠. '있다 없다'는 말도 빼고 "이것이 돌멩이다"라는 말을 한다 해도 마찬가지입니다. "이것이 돌멩이다" 하는 것은 "이것이 돌멩이가 아니다" 하는 말과 동시에 같이 나타나는 것입니다. 그래서 '돌멩이다'와 '돌멩이가 아니다'는 항상 동시입니다. '돌멩이다'만 있을 수는 없습니다. 그러니까 '돌멩이'와 '돌멩이가 아닌 그 모든 것'은 동시에 똑같이 있는 것입니다. 절대로 분리될 수가 없습니다. 그러니까 연기법은 곧 불이법을 얘기하고 있는 겁니다. "이것은 돌멩이다" 하는 것은 "이것 아닌 것은 돌멩이가 아니다" 하는 말과 똑같이 있는 것입니다. 그래서 돌멩이 혼자서 돌멩이가 될 수는 없는 것이고, 돌멩이와 돌멩이 아닌 것은 떨어질 수가 없는 한 물건이 되어 있는 것입니다. 이렇게 연기법은 불이법을 가리키는 방편을 쓰는 것입니다. 좋다 나쁘다, 있다 없다, 간다 가지 않는다, 전부가 그런 식입니다. 그러니까 "색은 색이고 공은 공이다"라고 하지만, 공과 색은 같이 하나가 되어 있다는 말이에요. 공을 '없는 것', 색을 '있는 것'이라 한다면, '있다 없다'가 같이 하나가 딱 되어 있다는 말입니다. 그래서 "있는 것이 없는 것이고, 없는 것이 있는 것이다", "있는 것과 없는 것은 전혀 다르지 않다"고 얘기를 하는 것입니다. 왜 그렇게 얘기를 하느냐? '있다 없다'고 하는 분별을 따라서 갈등하지 말고, 둘이 없이 하나가 되도록 만들어 주려고 《반야경》에서 소위 '불이중도', '연기법' 이런 방편을 쓴 것입니다. 아무 다른 이유가 없습니다. "온 세계는 절대로 따로 분리될 수 있는 것이 아니고 항상 분리 없는 하나다." 이것을 가르쳐 주려고 방편을 쓰고 있을 뿐입니다. 아무런 다른 것이 없습니다. 언제든지 그렇습니다. 그래서 이것은 물리학이니 생물학이니 심리학이니 이런 것과 아무런 상관이 없는 겁니다. 둘이 아닌 불이의 중도를 가리켜 주기 위해서 연기라는 방편을 쓰고 있을 뿐입니다.

이 연기법과 중도를 가장 잘 얘기하고 있는 책이 나가르주나의 《중론》이라는 책입니다. 아주 유명한 책입니다. 그 《중론》을 우리나라 학자들이 많이 연구하고 있습니다. 그래서 산스크리트어, 티베트어, 한문, 우리나라 말, 이렇게 4가지 언어로 대역을 해놓은 책도 나오고 있거든요. 그런 책을 가지고 제가 도대체 《중론》이 무슨 말을 하고 있는가 하고 열심히 한 번 읽었던 때가 있습니다. 다 읽고 보니까 결론은 아주 간단한 것이었습니다. 이름은 있다/없다, 간다/온다, 좋다/나쁘다, 이렇게 차별되겠지만, 사실은 차별되는 것이 아니라는 것입니다. 우리 생각이 두 개의 가지를 만들고 있을 뿐, 세계는 하나라는 것입니다. 파도의 물결 중 올라가는 것을 산이라 하고, 내려가는 것을 골짜기라 그러지만, 그냥 그건 하나의 물입니다. 우리의 생각이 산이다, 골짜기다 하는 것이지 그것은 다만 하나의 물입니다. 분별하고 망상하는 두 개의 개념에서 손을 떼면 이 세계는 차별 없는 하나다, 《중론》에서 이 얘기를 하고 있는 것이구나, 이렇게는 알겠더라고요. 그걸 아니까 생각이 멈춰진다고 할까 더 이상 따라가지 않는다고 할까, 그런 효과는 있었습니다. 그런데 그것은 그 정도였지 더 큰 재미는 못 봤습니다. 우리가 연기법을 이해하면 개념에 속지 않을 수는 있습니다. 개념 따라서 이리저리 흘러 다니지는 않습니다. 개념이란 것이 결국 우리가 만들어낸 허망한 것임을 잘 알기 때문에요. 그런데 그 정도 효과만 있을 뿐이었습니다. 마치 설탕을 물에다 확 부어 버리면, 설탕은 녹아 없어지고 물밖에 남지 않는 것처럼, 결정적으로 확 하고 통해서 아무 차별 없이 이것 하나만 뚜렷해지는 효과는 없었습니다. 선을 공부하고 (책상을 두드리면서) 이것이 한 번 확 왔을 때 이것 하나만 뚜렷해지는 것이지, 개념 가지고 연기법만 가지고는 그렇게 안 됩니다.

그러나 이런 방편을 쓰고 있는 것은 이해가 됩니다. 유식철학도 제가 열심히 또 봤는데, 마찬가지입니다. 똑같은 방편을 쓰고 있습니다. 분별망상하는 것을 때려잡는 방편을 쓰고 있을 뿐입니다. "우리의 의식에 8가지가 있는데 그것이 어쩌고저쩌고…." 유식(唯識)에서 하는 얘기는 이런 것이 아닙니다. 그것은 방편을 쓸 때 임시적으로 만들어 놓은 개념일 뿐입니다. 유식철학 역시 똑같이 '유식무경(唯識無境)'이라고 표현되듯이—유식무경이라는 것은 이름과 생각은 있으나 실체는 없다는 말이에요—똑같은 얘기를 하고 있는 것입니다. 6식, 7식, 8식 역시 이름이 있을 뿐이지만 '무경'이라 그러잖아요, 실체가 없다는 말이에요. 그러니까 거기에 속지 마라는 말이에요. 무슨 우리 마음에 8가지가 있고 우리 의식 속에는 뭐 그런 것이 있고, 객관적으로 설명하는 그런 식으로 유식철학은 얘기하고 있는 것이 아닙니다. 모든 불교는 분별망상을 때려 부수는 한 개의 방편일 뿐이라는 말이에요, 어떤 식으로 얘기하든지. 아주 단순한 것입니다. 그러니까 "도가 뭐요?" "뜰 앞의 잣나무!" 그 한 마디에 분별망상이 깨지면 그 한 마디로 끝나는 겁니다. 전부 방편일 뿐입니다. 방편으로 시설해 놓은 것뿐입니다. 그러니까 불교 안에 무슨 대단한 진리가 있는 것처럼 생각하지 마십시오. 대단한 진리가 있는 것이 아니라 우리 망상 부수는 방편 하나가 있을 뿐입니다. 그러니까 (손을 들면서) 이것이 분명하면, 이런 데서 이게 한 번 딱 분명하면, 바로 이런저런 것이 없습니다. 유식(唯識)을 몰라도 되고, 중관(中觀)을 몰라도 되고, 나가르주나를 몰라도 되고, 세친을 몰라도 됩니다. 그냥 이것만 분명하면, 차별 없이 항상 이것 하나뿐인 겁니다. 이것 하나를 일러주는 것뿐입니다. 사상? 무슨 사상이 있겠습니까. 불교는 사상이 아닙니다. 방편입니다. 그냥 이것 하나를 가리켜 주는 방편입니다. 이게 분명하면 둘이 없습니다. 항상 이것 하나뿐입니다. 언제든지 이 하나의 일일 뿐이라는 말입니다. 그것을 여기서는 이런 식으로 방편을 쓴 것입니다.

그런데 《반야심경》을 설명하는 책치고 "색즉시공 공즉시색" 하는 여기서 물리학을 인용하지 않은 책이 별로 없습니다. 그건 참 헛소리 하고 있는 것입니다. 기가 막힌 노릇입니다. 석가모니가 물리학자입니까? 헛소리를 하고 있는 거라고요. 절대 그런 말이 아닙니다. (책상을 두드리면서) 단지 그냥, (책상을 두드리면서) 그저 다만 이것입니다. 공이라는 개념을 떠나서 색이라는 개념도 성립하지 않습니다. 색이 있든 수가 있든 상이 있든 행이 있든 식이 있든 간에, 우리는 그것을 있다고 느끼거든요. 육체가 있고 느낌이 있고 생각이 있고 욕망이 있고 의식이 있다고 느낍니다. 그 '있다'는 것은 '없다'는 것과 하나입니다. 한 몸입니다. 동전의 앞뒷면입니다. 그러니까 "있다는 것은 곧 없다는 것이고, 없다는 것은 곧 있다는 것이다." 즉 육체가 있다고 거기에 구속될 이유가 없는 것이고, 느낌이 있다고 거기에 구속될 이유가 없는 것이고, 생각이 있다고 거기에 구속될 이유가 없는 것이고, 의식이 있다고 거기에 구속될 이유가 없다는 말입니다. 아주 단순한 얘기를 하고 있는 것입니다. 그래서 해탈, 아무 데도 구속받지 않는 것, 그것이 불교의 목적이지 뭡니까? 왜 "색즉시공 공즉시색"이라 얘기했느냐? 해탈시키려고요. 분별망상에서 해탈시키려고요. 오직 그 이유 하나뿐입니다. 이것은 아주 단순한 것입니다. 조금도 복잡할 것이 없어요. 그저 (손을 들면서) 이것 하나만 분명하면, 이것뿐인 거예요.

그래서 교학에서 굉장히 체계적인 방편을 쓰는 것 같지만, 목적은 똑같습니다. 한강을 건널 때 아주 정교하고 복잡하게 만들어진 최신형 선박을 타고 건너는 것이나 그냥 고무보트 한 개 타고 건너는 것이나, 그냥 건너기만 하면 되는 거거든요. 똑같은 방법일 뿐이에요. 우리가 "도가 뭐요?" "뜰 앞의 잣나무요" 하는 것이나, "중도가 어떻고 중관이 어떻고 유식이 어떻고…" 하는 것이나, 똑같은 목적으로 똑같이 만들어진 겁니다. 하나도 다를 것이 없습니다. "숲은 보지 못하고 나무만 본다"는 식으로 문자와 개념에만 매달리기 때문에 "근본을 잊고 말단을 본다"고 한 것입니다. 근본은 잊어버리고 지엽적인 말단만 쳐다보니까 엉터리 소리가 나오는 것입니다. 근본은 딱 하나입니다. 망상분별에서 해탈하려면 다른 것은 없어요. 무슨 물리학이 등장을 하고 화학이 등장을 하고, 그럴 이유가 전혀 없습니다. 여기서 (손을 들면서) 이것이 딱 분명하면, 바로 실타래를 가위로 싹둑 자르듯이 바로 망상분별에서 풀려납니다. 그래 놓고 보면 이것 하나뿐입니다.

《중론》 같은 것은 개념을 통해서 개념으로부터 해방시켜 줄 목적으로 쓰인 책입니다. 그래서 나가르주나 같은 사람은 제가 볼 때 아이큐(IQ)가 한 300~400은 되는 것 같아요. 굉장히 머리가 좋은 사람이에요. 아주 논리정연하게 얘기하고 있지만, 마지막 목적은 그 논리에서 벗어나는 것입니다. 그래서 《중론》과 관련된 수많은 책이 있는데, 동국대 김성철 교수의 《논리로부터 해탈, 논리에 의한 해탈》이라는 얇고 간단한 책이 있습니다. 저는 자세히 읽어 보지는 않았는데 제목만 봐도 그 분이 제대로 주제 파악을 하고 있음을 알겠더라고요. 《중론》에서 쓰고 있는 방식은 수학으로 치면 '귀류법'을 쓰고 있습니다. 귀류법은 "이게 옳다고 치자. 옳다고 치고 논리정연하게 전개해 보니까 마지막에 모순이 돼. 그러니까 이건 옳지 않은 거야" 하는 식입니다. 논리학 자체가 그런 식이죠. 그러니까 "공과 색이 따로 있다고 치자. 그래서 거기에 바탕해서 논리를 전개한 결론은 모순이 나온다. 그러니까 공과 색은 따로 있는 것이 아니다." 이런 식의 얘기입니다. 그래서 불교 논리학 중에서 《중론》이 제일 골치 아프다고 얘기합니다. 그런데 골치 아플 것도 없고 아주 단순한 것입니다. 골치 아픈 것을 골치 아프게 생각하면 수없이 골치 아픈 것이고, 단순하게 딱 보면 아주 단순한 것입니다. 복잡하고 골치 아프게 볼 것도 없고, 그냥 (손을 들면서) 이것 하나라는 말이에요. 이것 하나만 분명하면 됩니다. 이 일 하나일 뿐입니다.

제가 《중론》을 공부할 당시는 《중론》과 관련해서는 일본 사람들이 번역한 책밖에 없었습니다. "도대체 여기서 무슨 소리를 하고 있는 거야?" 하고 여러 권을 열심히 읽어 봤습니다. 그래서 결론이 뭐냐? 아주 간단합니다. "분별을 하면 망상이 되는 것이고, 결국 아무리 분별해도 따로 있는 것이 아니라 하나다, 분리될 수 없는 것이다." 그것뿐입니다. 그 효과뿐이라는 말입니다.

육조 스님은 《중론》 같은 것을 안 봤을 것입니다. 그런데도 《육조단경》을 보면 비슷한 얘기를 하는 부분이 있습니다. "망상에서 벗어나려면 생각이 발 디딜 곳을 없애 버리면 된다. 생각이 갈 곳을 차단시켜 버리면 된다." 그런 얘기가 나와요. 아주 지혜로운 말이죠. 그 분이 《중론》 같은 것을 봤을 리가 없는데, 그런 얘기를 하더란 말이죠. 그러니까 법이 분명하면 얘기할 수도 있다는 말이에요. 우리는 생각이 '이것이다 저것이다' 하고 결론을 딱 내려서 거기에 발을 딛거든요. "어떤 결론도 내리지 못하게끔 만들면 거기서 비로소 망상분별에서 벗어날 수 있다." 《육조단경》에 보면 그 얘기가 나와요. 아주 기가 막히는 얘기라. 그래서 공부하는 사람이 절대로 생각을 가지고 법을 결론지으려 하면 안 된다는 말입니다. 절대로 그렇게 하면 안 됩니다. 왜? 그러면 둘로 딱 벌어져 버리기 때문에 법이 아니라는 말입니다. 그러니까 은산철벽에 딱 가로막히죠. "도가 뭐요?" "시계." 생각을 할 수도 없고 안 할 수도 없고, 잡을 수도 없고 놓을 수도 없고, 어떻게 할 수가 없는 거예요. 어떤 결론이 나올 수도 없는 것이고요.

그런데 거기에 딱 가로막혀 가지고 계속 거기서 물러나지 않고 버티다 보면, 언젠가는 그놈이 확 하고 옵니다. 옛날 스님들은 "마음의 회전축을 밟아서 뒤집는다" 그렇게 표현을 했습니다. 아주 기가 막힌 표현이죠. 마음의 회전축을 탁 밟아서 확 돌린다는 말이에요. (책상 위의 A4용지를 손으로 들어서) 이쪽은 분별하는 면이고, 이쪽은 분별없는 면이에요. 도화지의 한쪽 면에 그림을 막 그리다가, 탁 뒤집으면 그냥 하얀 한 장의 도화지죠. 그런 식으로 한 번 이게 탁 통하면, 그냥 아무 차별 없이 하나가 탁 되는 겁니다. 그걸 불이법문에 들어온다고 하는 겁니다. (책상을 두드리며) 불이법문에 들어와요. 하나가 딱 되면 무얼 해도 따로 없어요. 차별이 없습니다. 항상 이 하나입니다. 이 일 하나가 있을 뿐입니다. 그냥 아주 단순한 겁니다. 이 일 하나입니다.

그런데 선을 공부해서 문득 한 번 이쪽으로 들어오는 체험을 해도, 불이법을 통한 통찰이랄까 체험이랄까, 그런 것을 거쳐야 합니다. 만약 그렇지 않으면 자기가 체험한 느낌 속에만 머물러 있어요. 그래서 옛날 우리 선사들이 한 말이 있습니다. 자기가 체험한 느낌에만 머물고 분별망상 하는 것을 의심해서 이것에서 조복이 일어나지 않으면, 불이법문에 딱 들어오지 않으면, 불법을 대법이라고 그러는데 대법을 통과하지 못한다고 하셨습니다. 유식철학으로 얘기하자면, '번뇌장(煩惱障)으로부터의 해탈'과 '소지장(所知障)으로부터의 해탈'이라고 하는 겁니다. 보통 체험이 한 번 왔다고 쫓아와서 기쁨에 들떠 흥분해서 하는 얘기는 번뇌장으로부터의 해탈입니다. 그러면 갑자기 모든 일이 사라진 것 같고, 아무 데도 구속받지 않는 것 같고, 그냥 자유로운 것 같고, 새로 태어난 것 같습니다. 그런데 그게 다가 아닙니다. 소지장으로부터의 해탈이 있어야 됩니다. 번뇌장으로부터 해탈했다 하더라도, 좋아하고 싫어하는 습(習)으로부터 자유로울 수는 없습니다. 반드시 소지장으로부터 해탈해서 불이법문으로 쏘옥 들어와야 깔끔하게 마무리가 되는 겁니다.

대혜 스님의 공부도 그런 면이 있죠. 대혜 스님이 원오 스님 밑에서 "남쪽에서 바람이 불어오니까 여기에 천 부처 만 부처가 나타난다"라는 얘기를 듣고 갑자기 앞뒤가 뚝 끊어지면서 통 밑이 쑤욱 빠졌거든요. 그래서 기분이 좋아서 있으니까 원오 스님이 얼마 지난 뒤에 부르죠. "네가 지금 성취한 그것도 쉬운 것이 아니고 좋은 것인데, 너는 지금 죽어서 다시 살아나지를 못하고 있다. 그리고 네가 알아낸 이 선은 황양목선이다"라고 그래요. 황양목이라는 것은 우리나라 말로 회양목일 텐데, 하여튼 그 나무의 특징은 잘 자라지 않는 데 있습니다. 매일 그냥 그대로입니다. '황양목'이란 그 자리에 딱 머물러 있다는 뜻입니다. 즉 자기가 지금 해탈했다고 기분 좋아하는 그 자리에 머물러 있다는 것입니다. 그래서 원오 스님이 하신 얘기가 있습니다. "부처님이 가르치시고 조사들이 가르친 말을 의심해서 말을 극복하지 못하면, 그 병에서 벗어날 수 없다." 거기서 쓰는 방편이 뭐냐면 '유구(有句)'와 '무구(無句)'입니다. "'있다'와 '없다'는 마치 나무의 나무를 등나무가 넝쿨이 감고 올라가는 형국이다." 말하자면, '있다'와 '없다'는 말은 서로가 의지를 하고 있다는 말이에요. "그런데 이 나무가 썩어서 자빠지고 등나무 넝쿨도 말라 버리면 어떻게 되느냐?"고 질문을 탁 던집니다. 그러니까 '있다'는 말과 '없다'는 말은 서로 의지하고 있는데, '있다'라는 말과 '없다'라는 말이 동시에 사라지면 어떻게 되는 것인가 하고 질문을 하신 겁니다. 원오 스님께서 대혜 스님을 하루도 빠지지 않고 불러서 계속 그 질문을 했습니다. 대혜 스님은 처음에는 열심히 대답을 했습니다. 그런데 한 마디 두 마디도 하기도 전에 원오 스님께서 손으로 대혜 스님의 입을 탁 틀어막는 것입니다. 그러기를 한 6개월 하다가 그래도 안 되니까 대혜 스님이 원오 스님께 "스님, 저는 도저히 모르겠습니다. 스님이 좀 가르쳐 주십시오"라고 합니다. 그 때 원오 스님께서 "내가 가르쳐 주면 그건 내 얘기지 네 얘기가 아니잖아" 하며 거절했습니다. 대혜 스님이 "안 될 것이 뭐가 있습니까? 스님께서도 스승님한테 이 질문을 똑같이 하셨다는 것을 다 들어 알고 있는데 왜 저한테는 안 해주시는 것입니까?"라고 하니까 마지못해서 원오 스님이 자신의 얘기를 해주었습니다.

"'있다'는 말과 '없다'는 말은 나무에 등나무 넝쿨이 감고 올라가는 형국인데, 갑자기 나무가 썩어서 자빠지고 등나무 넝쿨도 말라서 쓰러진다면 어떻게 됩니까?" 이렇게 원오 스님이 물었습니다. 말하자면 '있다'와 '없다'는 것은 분별이 되어 있는데, 그 분별을 놓으면 어떻게 되느냐는 것입니다. 그러니까 원오 스님의 스승인 오조 스님께서 "말하고 싶지만 이건 말이 안 돼. 머릿속에 그림을 그려 내고 싶지만, 이것은 그림이 안 되는 거야"라고 답변을 했습니다. 다시 말해서 '있다'와 '없다'라는 말은 등나무 넝쿨이 나무를 감고서 둘이 의지를 하고 있는 형국인데, 이게 도대체 무슨 말인지 설명을 해달라고 하니까, "말을 하고 싶은데 말이 안 되고, 설명을 하고 싶은데 설명이 안 돼. 머릿속에 그림이 안 그려져"라고 답변한 것입니다. 그러니까 "그러면 등나무가 말라죽고 나무가 자빠지면 어떻게 됩니까?"라고 질문하니까 오조 스님께서 뭐라고 얘기하셨느냐? "둘이 같이 간다"고 하셨습니다. 서로 같이 간다는 말입니다. 그 얘기를 듣는 순간에 이것이 확실하게 온 것입니다. 연기, 중도의 가르침을 그런 식으로 소화시킨 것입니다. 이것이 왔다는 것은 생각이 정리가 된 것이 아니라, 갑자기 분별이 확 사라지면서 확실하게 하나가 딱 된 것입니다. 깨달음의 경지가 따로 없다는 것을 그때야 안 것이죠. 그전에는 자기가 얻은 깨달음과 해탈의 경지에 딱 머물러 있었던 것입니다. 그 뒤에 얘기는 확 달라집니다. "얻을 것도 없고 잃을 것도 없고, 깨달음이란 것이 따로 없고 부처도 따로 없는 것"입니다. 바로 《반야심경》에서의 얘기가 탁 튀어나온 것입니다.

저 역시 비슷한 과정을 겪었습니다. 저는 '있다'와 '없다'라는 얘기하고는 다른 것인데, 몇 가지 저한테 힌트가 되었던 인연들이 있었어요. 하나는 법이 있고 내가 있다는 괴리감, 항상 그것이 괴롭혀서 계속 그 문제를 해결하려고 애를 썼는데, 그것이 해결이 되었습니다. 또 하나는 "진실한 법이 있다면 그것은 언제나 둘이 될 수가 없다, 항상 이 하나일 수밖에 없다" 그런 구절을 어디서 봤는데 거기서 좀 자극이 되었습니다. 그 다음에는 경전에서 "얻을 법이 없고, 깨달은 법이란 것이 따로 없고, 마음이란 것이 따로 없고…"라고 하는 말들에 자극을 받았습니다. 사람이 없고 법이 따로 없다 했는데, 저는 따로 있는 그 틈을 계속 안고서 고민했습니다. 그런데 그것이 딱 떨어져 나갔을 때, "아, 이런 것 저런 것이 없구나, 내가 있고 법이 있는 것이 아니구나, 다만 이것 하나뿐이구나" 하고 이게 딱 떨어졌을 때의 이것을 이치적으로 설명해 주는 각종 경전과 조사들의 책을 봄으로써 제가 확인한 것을 확고부동하게 할 수 있었습니다. 이 법이 바로 전부 다 이것을 얘기하고 있구나 하고 말입니다. 대혜 스님의 얘기도 하나의 참고가 되었습니다. 그 외에도 "법이란 것이 따로 있을 수가 없다, 얻을 것도 없고 잃을 것도 없다, 원래 단지 이것 하나뿐이다, 우리가 망상분별하는 바람에 그런 차별이 생기는 것이지 그런 차별은 없고 다만 이것뿐이다" 하는 것이 이런 책을 보면서 저절로 공감도 가고 저 스스로도 저절로 확립이 되었습니다.

말은 이렇게 쉽게 하는데 쉽게 되는 건 아닙니다. 공부의 길에 들어서서 공부의 길을 아주 순수하게 조금도 미흡함이 없이 완성시키고자 하는 열망을 가지고 십 수 년 동안 꾸준하게 하실 때 가능한 것입니다. 지금도 제가 완전하게 완성되었다고 말씀드릴 수는 없지만, 그래도 지금은 경전이든 조사들의 말씀이든 소화 안 되는 것이 거의 없습니다. 그런데 처음에는 절반도 소화가 안 됩니다. 진짜배기로 소화되는 것과 억지로 "아마 이런 뜻이겠지" 하고 이해하는 것과는 전혀 다른 것입니다. 그런 식으로 되면 안 됩니다. 이것이 완전히 소화가 되어야 됩니다. 그러면 결국 뭐냐? (손을 들면서) 이것 하나뿐입니다. 아무것도 다른 것이 없습니다. 불법이라는 것이 아주 명확하게 그냥 요거 하나를 아주 정확하게 얘기를 하고 있는 겁니다. 그러면 다른 것이 없습니다. 이런저런 말들은 말들일 뿐이고 이것 하나를 얘기하고 있습니다.

하여튼 우리가 조심해야 될 것은 처음에 앞뒤가 뚝 끊어지고 분별에서 해방이 되는, 통 밑이 빠지는 경험이 있겠지만, 그 다음에는 '나'와

'법'이라는 그 차이가 사라져야 됩니다. "내가 있고 법이 있다", 이런 식으로 되면 못 벗어납니다. 그래서 "내가 이런 법을 얻어서 이런 법의 힘에 의해서 어떻다"는 식으로 되면 안 됩니다. "나라는 것도 없고 법이라는 것도 없다", 그걸 교리에서는 "아공법공(我空法空)"으로 표현합니다. 단지 (책상을 두드리며) 하나뿐이라는 말입니다. (책상을 두드리며) 이것 하나뿐! '나'다, 법이다 하는 것도 하나의 개념입니다. (손을 들면서) 그냥 이것 하나뿐입니다. (딱! 딱! 딱!)

네 번째 법문

사리자여, 이 모든 것들은 공인 모습이므로[14] 생겨나지도 않고 없어지지도 않으며,[15] 더럽지도 않고 깨끗하지도 않으며,[16] 늘어나지도 않고 줄어들지도 않는다.[17]

舍利子, 是諸法空相, 不生不滅, 不垢不淨, 不增不減.

---

14) 색수상행식의 모습이 그대로 공이고, 공이 곧 색수상행석의 모습이다. 색수상행식을 분별하면 생겨나고 사라지는 일이 있고, 색수상행식이 곧 공이면 생겨나고 사라지는 일이 없다.
15) 만법은 언제나 같아서 변화하는 일이 없다.
16) 더럽다고 하면 깨끗함이 있고, 깨끗하다고 하면 더러움이 있다. 더러움과 깨끗함은 분별에서 말미암을 뿐, 세계의 어디에도 삼라만상의 어디에도 더러움과 깨끗함은 없다.
17) 세계는 언제나 변함이 없는데, 마음이 스스로 시끄럽게 차별을 짓는다.

사리자여, 이 모든 것들은 공인 모습이므로 생겨나지도 않고 없어지지도 않으며, 더럽지도 않고 깨끗하지도 않으며, 늘어나지도 않고 줄어들지도 않는다.

舍利子, 是諸法空相, 不生不滅, 不垢不淨, 不增不減.

(찻잔을 들어 차를 마시며)

차 한 잔 마시는 것으로 사실은 설법을 다 한 것입니다. (찻잔을 들어 보이며) 이것인데, 이것만 딱 분명하면 이것뿐인데, 바로 분명하지가 않으니까 이렇게도 해보고 저렇게도 해보고 하는 것입니다. 반야바라밀다심경 4번째 시간입니다.

사리자여, 이 모든 것들은 공인 모습이므로 생겨나지도 않고 없어지지도 않으며, 더럽지도 않고 깨끗하지도 않으며, 늘어나지도 않고 줄어들지도 않는다.

"사리자여", 이게 분명하면 이것뿐입니다. 두 말 세 말 여러 말이 필요가 없습니다. 그냥 곧장, 뭘 하든지, "뭘 하든지"가 이것입니다. 시계를 보고 "몇 시 몇 분이다" 하는 것이 바로 이것이고, 차를 마시면 "차 맛이 어떻다" 하는 것이 이것입니다. 이 일일 뿐입니다. 이 일 하나라는 말입니다. 그러니까 곧장 이것이 바로 분명하면, 뭘 하든지 전부가 자기한테 다 있습니다. 전부 자기 일이고, 자기 스스로에게서 다 증명이 됩니다. 달리 따로 손댈 뭔가가 없습니다. 취할 것도 없고 버릴 것도 없고, 따로 일절 손댈 게 없습니다. 단지 이 일 하나뿐이라는 말이죠. 무얼 하든 하는 일 하나하나가 전부 다 이것이어서, 여기서 생기는 것도 없고 없어지는 것도 없고, 늘어나지도 않고 줄어들지도 않는 것입니다. 이런 얘기도 특별한 얘기가 아닙니다. 그저 이것을 한 번 그렇게 얘기해 본 것입니다. "뭐가 많아졌다" 하면 "많아졌다" 이것입니다. 이것은 많아지거나 줄어들거나 하는 것이 아닙니다. 우리가 "동백꽃이 붉다" 하면 "붉다" 하는 것이 이것이지만, 이것은 붉거나 하얀 것이 아니죠. "날씨가 춥다" 하면 "춥다" 하는 것이 이것이지만, 이것은 추운 것도 아니고 더운 것도 아닙니다. 그래서 무슨 일을 하든지 간에 한결같이 다른 일이 없고 이 일 하나뿐이라는 말입니다. 이 일 하나뿐이지만 '이 일'이라고 하는 것이 따로 있지 않습니다. 이것만 분명하면 얻고 잃고 할 일이 전혀 없습니다. 이게 분명하면 하는 일이 전부 다 이 일입니다.

그런 대화가 있습니다.

"육조 스님이 전해 준 법이 뭡니까?"
"이게 바로 육조의 법이다."

이런 한 마디 말에 탁 와 닿은 사람도 있거든요. 그러니까 옳고 그르고 맞고 틀리고 이런 차별이 있는 것이 아니고, 전부가 그저 이 일 하나뿐이라는 말이죠. 그러니까 두두물물(頭頭物物)이, 하늘을 보면 하늘에서, 땅을 보면 땅에서, 물을 보면 물에서, 나무를 보면 나무에서 다른 일이 없습니다. 확인한다고 하면 이 일 하나가 있을 뿐입니다. 그러니까 이것만 분명하면 이런저런 일이 따로 없습니다. 하여튼 지금 이 일일 뿐인 것입니다. 이 일 하나뿐입니다. 이것은 어떻게 표현하는 게 아니라, 팔을 펴면 펴는 것이 이거고, 오므리면 오므리는 것이 이것입니다. 입을 열면 여는 것이 이것이고, 다물면 다무는 것이 이것입니다. 눈을 감으면 감는 것이 이것이고, 뜨면 뜨는 것이 이것입니다. 눈동자를 돌리면 돌리는 것이 이것이고, 손가락을 움직이면 움직이는 것이 이것이고, 손가락을 내리면 내리는 것이 이것입니다. 밥을 먹으면 먹는 것이 이것이고, 숟가락을 놓으면 놓는 것이 이것이지 다른 일이 없어요. 전부 이 일 하나거든요.

"어묵동정(語默動靜) 행주좌와(行蹱坐臥)"라고 얘기하는데, 무슨 일을 하든지 그저 이 일 하나일 뿐입니다. 그러니까 온 천지에서 이것 하나를 확인할 뿐입니다. 그렇기 때문에 버릴 것도 없고 취할 것도 없습니다.

"사리자여, 이 모든 것들은 공의 모습이다." 공상(空相)이다, 공(空)이면서도 상(相)이다, 없으면서도 있고 있으면서도 없다, 이렇게 해도 좋습니다. 이것은 있고 없고의 문제가 아니니까요. 있다 할 수도 없고 없다 할 수도 없고, 있다 해도 되고 없다 해도 됩니다. 하여튼 "있다" 하는 게 이 일이고 "없다" 하는 게 이 일이니까 언제든지 이 한 개의 일이 있을 뿐이죠. 이것만 아주 명확하면 항상 이 일 하나일 뿐이고, 이게 명확하지 않으면 이런 일이 있고 저런 일이 있고 이렇게 차별이 있는데, 차별이 있으면 망상입니다. 시계와 컵이 차별된다, 시계는 시계고 컵은 컵이요, "시계는 시계고"가 바로 이것이고, "컵은 컵이요"가 바로 이것이거든요. 그래서 시계와 컵을 아무리 차별을 해도 시계가 이것이고 컵이 이것입니다. 아무리 차별을 해도 차별이 없습니다. 그래서 일절 차별이 없는 곳에서 맘껏 차별을 한다, 이렇게도 말할 수 있습니다. 아무튼 이 일일 뿐입니다. 이것은 알고 보면 조금도 다른 일이 있을 수가 없고, 전부가 다 이 일 하나입니다. 이게 확실하지 않으면, 뭐가 뭔지 까마득한 것이고, "까마득한 것이고" 하는 것이 알고 보면 바로 이것이거든요. 그래서 사실 까마득한 것이 없습니다. "까마득하고 깜깜해서 아무것도 모르겠습니다"라고 하는데, 알고 보면 "아무것도 모르겠습니다" 하는 여기서 이것이 100% 확인이 되는데, 자기 스스로가 아무것도 모르고 있다고 여깁니다. 법은 숨겨져 있는 것이 아닙니다. "아무것도 모르겠습니다" 하는 것이 바로 이것입니다. 그런데 자기가 모른다고 생각을 해버리니까 자기 생각에 자기가 속아 버리는 것입니다. (책상을 두드리며) 이 일 하나가 있을 뿐입니다.

하여튼 이것은 뭘 하든지 이게 한 번, 보고 듣고 느끼고 알고 하는 모든 기회, 모든 일들이 딱 이것 하나를 확인할 수 있고 이것 하나를 드러내고 있는 것이니까, 어떤 경우든 이것이 계기가 되어서 이것이 한 번 확인이 되면, 이것 하나밖에 없는 겁니다. 이름 해서 "이것"이라 하지만 '이것'이라는 물건이 따로 있는 것이 아닙니다. "몇 시 몇 분이요" 하는 이것이고, "날씨가 좋다" 하는 이것이고, "저녁을 먹었더니 배가 부르다" 하는 이것입니다. 전부 이 일입니다. "오랫동안 앉아 있으니까 무릎이 아프다"가 이것입니다. 전부 다 이것뿐이라는 말이죠. 이것은 가도 가도, 말을 해도 해도, 끝없는 시간이 흘러도 항상 이것 하나뿐이니까 얼마든지 얘기를 할 수 있습니다. 그러나 사실 한 마디도 얘기할 필요도 없는 것이기도 합니다. 한 마디도 얘기할 필요가 없다는 건 다른 일이 없다는 것입니다. 자기가 망상을 안 하면 됩니다. 망상하는 게 문제죠. 망상을 하면 있다가 없는 것 같기도 하고, 없다가 있는 것 같기도 합니다. 그런 경우는 아직 이것이 익숙하지 않아서 그런 겁니다. 이게 확실하게 딱 맞아떨어지면, 있다가 없는 것 같고 없다가 있는 것 같고 그렇게 되지가 않아요. 항상 차별 없이 이 일 하나인 거죠. (책상을 두드리며) 이 일입니다. "도다" "선이다" "마음이다" "부처다" "깨달음이다" "반야다" "보리다" "공이다" "색이다" "뜰 앞의 잣나무다" "마른 똥막대기다" (책상을 두드리며) 다 이걸 얘기하는 것입니다. (책상을 두드리며) 이것이거든요.

"이것이 뭡니까?"
"(책상을 두드리며) 이게 이거죠."
"이것이 뭡니까?"
"(손을 들면서) 이게 바로 이것입니다."
"이것 하나뿐입니다."
"이것이 뭐요?"
"이게 바로 이것입니다."

하여튼 (책상을 두드리며) 이것 하나가 있을 뿐입니다.

이 모든 것들은 공인 모습이므로 생겨나지도 않고 없어지지도 않으며…

생겨나도 이것이고 없어져도 이것입니다. 그래서 이것은 생겨나도 생겨나는 게 아니고 없어져도 없어지는 게 아니란 말입니다. 싹이 올라와도 이것이고 낙엽이 떨어져도 이것입니다. 이것은 싹이 올라오는 게 이것이지만 올라오고 내려가고의 차이가 없고, 낙엽이 떨어지는 게 이거지만 낙엽이 떨어지고 떨어지지 않고의 차이가 없습니다. 언제든지 단지 이 하나뿐인 겁니다. 전체가 차별 없이 이 하나가 딱 있을 뿐입니다.

"부처가 뭐요?"
"(책상 위의 돌멩이를 들면서) 돌멩이."
"도가 뭐냐?"
"(책상 위의 죽비를 들면서) 죽비."
"마음이 뭐냐?"
"해운대 앞바다."

그래서 언제든지 평소에 늘 접하는 것 하나하나 그대로가 차별 없이 단지 이 법 하나인 것입니다. 그래야지 법이 따로 있고 법 아닌 게 따로 있으면, 이것과는 관계없단 말입니다. 그러면 차별 속에 떨어져 버리는 것입니다.

한 시간 내내 이야기를 해도 단지 (책상을 두드리며) 이것 하나입니다. 하여튼 이게 스스로에게 딱 분명하면, 세상 모든 일이 자기 자신의 일입니다. 자기 자신이 되어 버립니다. 그러면 안팎이 없습니다. 안과 밖이 따로 없습니다. 모든 것에 단지 이 일 하나입니다. 안과 밖이 없고 나타나는 일이 전부가 똑같이 이 하나의 일입니다. 그러니까 불생불멸, 생겨나는 게 아니고 없어지는 게 아닙니다. "생겨난다" 하는 게 이것이고 "없어진다" 하는 게 이것입니다. 그래서 이것은 생겨나지도 않고 없어지지도 않습니다.

더럽지도 않고 깨끗하지도 않으며, 늘어나지도 않고 줄어들지도 않는다.

"더럽다" 하는 게 이것이고 "깨끗하다" 하는 게 이것입니다. 더럽다, 깨끗하다, 아름답다, 추하다, 맑다, 탁하다, 그런 차별들 하나하나가 이것이거든요. 하여튼 눈길이 딱 닿는 곳에, 또는 생각 속에 나타나든 눈앞에 나타나든, 나타나는 거기서 바로 이 일이거든요. 다른 차별되는 일이 없습니다. 그러면 손길 한 번, 눈길 한 번, 손짓 한 번, 발짓 한 번, 말 한마디, 보고 듣는 것, 한 생각, 느낌, 감정… 하나하나 그대로가 나타나면 바로 이것이란 말입니다. 다른 일이 없단 말이죠. 모든 곳에서 단지 이 하나를 확인할 뿐입니다. 그래서 1년 365일이, 하루도, 한 순간도 다른 일이 없고, 일생동안 하루도 다른 게 없습니다. 다만 이것뿐이어서, 이것은 있는 것도 아니고 없는 것도 아니에요. 언제든지 단지 하나의 일이죠. 분명하면 이건 너무 당연한 일입니다. 조금도 특별하고 이상한 일이 아닙니다. 하나하나가 전부 자기 일이고 하나하나가 전부 차별이 없고, 하나하나에 전부 '나'와 타인이 없고, 하나하나에 전부 이것저것이 없습니다. 따로 있는 게 아닙니다. 이런저런 차별이 없습니다. 그래서 이런저런 차별이 뚝 끊어지고 아무 일이 없어요. 아무 일이 없이 편안하고 걸릴 것이 없단 말이죠. 뭔가를 붙잡고 있거나 어딘가에 머물러 있거나 이런저런 일이 있다 하고 차별이 되거나 하면, 이것과는 관계가 없습니다. 이름이 법이지 법이라는 그런 물건이 없고, 이름이 깨달음이지 깨달음이라는 경계가 따로 없습니다.

그럼 무엇이냐? "(시계를 가리키며) 지금이 7시 50분입니다", "오늘 날씨가 추워요", 그냥 이거란 말이에요. 부처가 따로 없고 깨달음이 따로 없고 반야가 따로 없고 도가 따로 없습니다. 그럼 뭐냐? "1시간 전에 밥을 먹었는데, 벌써 배가 고프다." 이거란 말이에요. 그냥 이것뿐입니다! 전부 이것뿐입니다! 마음이 어디 있습니까? 마음이라는 건 없어요. 선이 따로 없고 마음이 따로 없고 도가 따로 없고 부처가 따로 없습니다. 그럼 뭐냐? "이것은 돌멩이고, 이것은 죽비다." 이것뿐이란 말입니다. "이건 죽비요" 하는 여기에 무슨 마음이 있고, 반야가 있고, 도가 있고, 선이 있고, 깨달음이 있습니까? "이건 죽비요", 여기선 아무 다른 게 없는 것입니다. 하여튼 이 일이 한 번 딱, "딱" 하는 게 바로 이것이거든요. 하여튼 이것만 한 번 분명하면, 전부가 안과 밖이 없습니다. 전체가 단지 이 일 하나뿐이란 말입니다. 이건 사실 얘기할 것도 없어요. 법상에 앉았다가 내려가고, 차를 마시고, 앉아서 합장하는 것 하나하나 그대로가, 하나하나가 끊어짐이 없이, 똑같이 이것 하나거든요. 끊어짐이 없고 차별됨이 없이 똑같이 이 일 하나란 말입니다. (책상을 두드리며) 이 일 하나가 있을 뿐입니다.

"도가 뭐요?"

"(책상을 두드리며) 나무로 만든 상을 치면 이런 소리가 납니다."

이 일이 하나 있을 뿐입니다. 그래서 이게 분명하면 신발을 신는다, 신발 끈을 맨다, 옷을 입는다, 옷의 먼지를 턴다, 밥을 먹고 설거지를 한다, 뭘 하든지 이 하나의 일입니다. 조주 스님한테 이런 일화가 있습니다. 한 스님이 "도가 뭡니까?" 하고 물어서 조주 스님이 "밥은 먹었냐?"라고 하니까 그 스님이 "예" 하거든요. 그래서 조주 스님이 "그럼 설거지를 해라" 하셨습니다.

설거지를 하든 뭘 하든지 이 하나의 일입니다. 다른 일이 없단 말이에요. 전부가 이 일이죠. 그러니까 (책상을 두드리며) 이것은 멀리 있지 않습니다. 가까이 있다는 말도 못하죠. 그냥 하나입니다, 하나! 그래서 이게 분명하면, "만법과 짝을 하지 않는다"고 합니다. 삼라만상이 있고 내가 있고, 이렇게 되지 않는단 말이에요.

"도가 뭡니까?"

"아, 태양이 빛나는구나!"

"마음이 뭡니까?"

"바람이 불어서 나뭇잎이 흔들리는구나!"

"선이 뭡니까?"

"눈이 펑펑 내리는구나!"

그냥 이 일이거든요. 다른 일이 없단 말이에요.

"깨달음이 뭡니까?"

"바닷물이 출렁이는구나!"

이런 얘기에 (책상을 두드리며) 이게 한 번 분명해지면, 그러면 다른 일이 없어요. 전부 이 일이에요. 그러니까 수행도 없고 깨달음도 없어요. 입선(入禪) 방선(放禪), 선에 들어가고 선에서 나오고 그런 것도 없습니다. 그런 건 전부 생각하니까 개념으로, 생각으로 나오는 얘기지 여기에는 그런 게 없단 말이에요. 그냥 이 일 하나입니다. 언제든지 단지 이것 한 개입니다. (책상을 두드리며) 아무것도 아닌 당연한 일이거든요. 알고 보면 전부가 자기 일이라. 하늘에 해가 뜨는 것도 자기 일이고, 바람이 부는 것도 자기 일이고, 눈이 내리는 것도 자기 일이고, 별이 빛나는 것도 자기 일입니다. 다른 일이 없습니다. 전부가 이 일입니다. (책상을 두드리며) 이 하나란 말이죠. 그러면 아무 차별이 없어요. 전부 이 하나의 일이고, 그러면 하나도 이상한 게 없고, 신통하고 신비하고 그런 게 전혀 아니란 말입니다. 전혀 그런 게 없습니다. 그냥 하는 일 하나하나 그대로가 이 일입니다.

그래서 어떤 스님은 "도가 뭡니까?" 하니까 (자기 옷에서) 실을 한 올 뽑아서 혹 하고 불기도 하고, 또 어떤 스님은 "부처가 어디 있습니까?" 하니까 옷을 툭툭 털면서 "에이, 먼지가 잘 안 떨어지네"라고 했습니다. 다른 일이 있는 게 아니거든요. 여기에는 신비하고 이상할 게 없어요. 그냥 단지 이 일입니다. 이 하나란 말이죠. 그러니까 이게 간절하게 뜻이 있고, 정말 꼭 이걸 한 번 확인해 봐야 되겠다는 원(願)이 있다면, 이건 어려운 게 아닙니다. 그런데 부처를 찬양하고 나는 불제자로서 부처님 법을 배운다, 자꾸 그런 개념만 가지고 있으면 쉽지 않겠죠, 개념 속에 떨어져 있기 때문에요. (책상을 두드리며) 이 진실이 무엇이냐? "(책상을 두드리며) 이 일 하나입니다." 부처 불(佛) 자 한 자가 무엇이냐? "(책상을 두드리며) 이게 부처 불(佛) 자입니다." 부처 불(佛) 자 한 자가 무엇이냐? "8시 정각이요." 부처 불(佛) 자 한 자가 뭐냐? "오늘이 춥습니다." 그러니까 늘 스스로가 하나하나 하는 일이 다 이 일인데, 죽비를 친다면 자기 스스로가 만날 죽비를 치는 것이고, 염불을 한다면 자기 스스로가 만날 염불을 하는 거고, 전부가 (책상을 두드리며) 이 하나의 일이 있을 뿐이거든요. 부처가 어디에 나타나 있느냐? "부처가 어디에 나타나 있느냐" 하는 여기서 더 이상 입을 열 곳이 없는 것입니다. 그러니까 아는 사람은 거기서 두말없이 싹 돌아서 가버립니다. 이게 부처요, 저게 부처요 하면, 이것하고는 관계가 없단 말입니다. 그러니까 이게 분명하면, 한결같이 단지 이 하나일 뿐인 것이고, 이게 확실하지 않으면 이러쿵저러쿵 하고 헤매는 겁니다.

"한 번 소식이 온다", "통 밑이 빠진다", "앞뒤가 끊어진다", "갑자기 생각이 없어져 버렸다" 등등 여러 가지로 표현할 수가 있는데, 이게 한 번 앞뒤가 끊어지고 정확하게 계합이 되면, 다른 일이 없습니다. 하여튼 이 일 하나이고 이 일 하나가 있을 뿐이지 여러 가지 법이 있는 게 아닙니다. 지금 하고 있는 일이 단지 전부가 전혀 다른 일이 없고 이 하나의 일이거든요. 《반야심경》에서 공이 어떻고, 색이 어떻고, 불생불멸이 어떻고 하지만, 하나도 복잡할 것이 없고 하나도 생각할 것도 없습니다. "불생불멸" 할 때, "불—" 하는 이 한 글자만, "불—생—불—멸—"이까지 할 것도 없고, "불—" 하는데 벌써 다른 일이 없어요. 바로 이것뿐입니다. 말이 "불생불멸"인 것이고 "불" 하든지 "멸" 하든지 한 글자 한 글자에 차별이 없습니다. 그래서 그런 얘기가 있잖아요.

"도는 생멸하는 것입니까?"
"아니 불생불멸하는 것이다."
"그러면 도는 생하지도 않고 멸하지도 않는 것입니까?"
"아니 그렇지 않다. 도는 생하지도 않고 멸하지도 않는 것이 아니다."
"그러면 도는 생멸하는 것입니까?"
"생하는 것도 아니고 멸하는 것도 아니다."
"그러면 도는 불생불멸하는 겁니까?"
"불생하는 것도 아니고 불멸하는 것도 아니다."

그러면 뭐냐? 도라고 하든지 불이라 하든지 생이라 하든지 멸이라 하든지 다른 일이 없이 그냥 이 하나라는 말입니다.

하여튼 이 일 하나입니다. 그냥 (책상을 두드리며) 이 일 하나가 분명하면 바로 이것뿐인 것이고, 이게 분명하지 않으면 무슨 소리를 해도 다 소용이 없어요, 쓸데없는 소리입니다. 이게 분명하면 온갖 이름과 말과 온갖 것들이 다 진실하고 다 법입니다. 그런데 이것이 확실하지 않으면 무슨 소리를 해도 다 망상이에요. 어떤 경우에도 다 망상입니다. 참됨이 따로 있고 참되지 못함이 따로 있는 게 아닙니다. 참되면 온 천지가 몽땅 참된 것이고, 참되지 못하면 온 천지가 몽땅 참되지 못한 것이지 어중간한 것은 없습니다. 반은 참되고 반은 참되지 못하다면 그건 망상입니다. 이 법으로 얘기하자면 그런 것입니다. 참되다 하면 온 천지가 참되어서 참되지 않는 것이 티끌만큼도 없어요. 전부가 진실한 것입니다. 진실하지 못하다 그러면 온 천지가 다 허망해서 하나도 진실한 게 없는 것입니다. 하여튼 이것만 분명하면 됩니다. 정신을 차리고 주의를 기울여서 이 법이 분명한 게 아닙니다. 그냥 우연히, 아무 생각 없이, 무심하게 일어나는 모든 일들이 차별 없이 똑같이 이 하나의 일입니다. 무심코 일어나고 무심코 나타나는 모든 일들이, 전부가 이 일입니다. 우리가 바람이 쌩쌩 불 때 밖에 나가서 길을 걸어가면, 얼굴에 부딪히는 바람이 차가워서 따끔따끔 하잖아요. 무심코 부딪히는 모든 바람이 전부 차갑듯이, 이게 분명하면, 무심코 일어나는 모든 일들이 전부 이 하나의 일입니다.

그래서 한 점의 바람에 부처가 나타나고, 한 개의 빗줄기에 부처가 나타나고, 소리 하나에 부처가 나타나고, 손짓 발짓 하나에 부처가 출연해서 끊어짐이 없어요. 모든 부처가 모든 곳에서 모든 시간에 언제든지 없는 곳이 없는 겁니다. 그냥 이 법이거든요. 이 법 하나가 있을 뿐입니다. 그래서 절에 가면 목탁을 치고 딸랑딸랑 하는 요령을 흔들잖아요. "딸랑딸랑" 하면서 염불을 하는데, "딸랑딸랑" 요령을 흔드는 이게 한 순간도 다른 일이 없어요. 목탁을 치고 죽비를 치고 한 순간도 다른 일이 없단 말이에요. 이 일 하나가 있을 뿐이에요. 이것이 분명하면 "이것이 도다" 하고 붙잡고 있는 물건이 없습니다. 그래서 마음 놓고 잘 수도 있고 조금도 긴장할 필요가 없고, 온갖 생각을 다 해도 마음 놓고, 자유롭게 온갖 망상을 다 해도 다른 일이 없는 것입니다. 이게 분명하지 않으면 그게 그렇게 안 됩니다. 긴장이 되어서 어떻게 하면 이걸 잡아

볼까 하는 생각에 잠을 못 자고 행동이 부자연스러워집니다. 그런데 이게 한 번 딱 분명해지면 긴장이 싹 풀려 버립니다. 그러면 자나 깨나 꿈을 꾸나 망상을 하나, 무심코 하는 일이든 신경을 써서 하는 일이든 아무 차별이 없는 겁니다. "이게 법이요" 하고 가지고 있는 일이 아무것도 없으니까요. 가지고 있을 그런 법이 전연 없기 때문에요. "이게 법이요" 하는 물건이 티끌만한 것이라도 있으면 그놈을 붙들고 지켜야 되니까 잠을 못 잡니다. 긴장을 할 수밖에 없습니다. 그러면 그건 절대로 법이 아닙니다. 그냥 망상이죠. 경계에 집착한 망상인 것입니다. 무언가를 붙들고 "이게 법이요" 하는 게 있으면, 그건 집착이고 망상입니다. 그런 게 일절 없습니다. 그러니까 마음이 놓여지고 긴장이 다 풀어져 버립니다. 긴장할 것이 없습니다. 긴장을 하고 있으면 이 법하고는 안 맞습니다. 뭘 붙들고 있거나 붙잡고 있거나 머물러 있거나, "이걸 놓으면 안 돼" 하고 있으면, 그건 100% 망상이지 이것하고는 아무 상관이 없어요. "이게 법이다" 하고 붙잡고 있어야 할 게 있으면 무조건 망상입니다. 그냥 완전히 손을 뗀다고 그럴까, 완전히 무장 해제를 해서, 아무 생각 없이 머무는 마음도 없고 머물러야 할 자리도 없고, 그러니까 온 천지에 걸림이 없어요. 정말 허공과 같아서 걸림이 없는 것입니다.

그래서 할 일이 없으면 자고, 할 일이 있으면 하고, 배고프면 밥 먹고, 그야말로 무심도인(無心道人)이라 그럴까 무위도인(無爲道人)이라 그럴까, 그런 것이죠. 그렇지 않고 "아, 이걸 내가 붙들어야지 놓으면 안 된다" 하고 있으면 그건 무조건 망상입니다. 그건 100% 집착입니다. 망상이 있기 때문에 집착이 있는 것입니다. 그래서 "앞뒤가 뚝 끊어지고, 통 밑이 쑤욱 빠진다"고 하는 것은 뭘 붙잡고 있거나 의지하고 있거나 유지하고 있는 것이 싹 사라지는 것입니다. 아무것도 손댈 게 없습니다. 그래서 아무것도 손에 들고 있지 않고 아무 데도 머물러 있지 않으므로 공(空)이라 하는 겁니다. 그렇기 때문에 생이니 멸이니 하는 말이 해당이 안 되고, 많다 적다 하는 말이 해당이 안 되고, 깨끗하다 더럽다 하는 말이 해당이 안 된단 말입니다. 조금이라도 뭔가 "이게 도요" 하고 긴장하고 힘을 쓰거나 머무는 바가 있으면 이것과는 관계가 없습니다.

하여튼 전부가 이 하나의 일일 뿐입니다. 딴 일이 없어요. 이 일일 뿐입니다. 뭘 어떻게 하든지 단지 이 하나의 일일 뿐입니다. 차별이 나지 않습니다. 차별되는 경계가 없어요. 차별이 없으니까 이런 소리를 하는 겁니다. "공이다", "텅 비었다"는 이 말은 뭡니까? 걸릴 것이, 막히는 것이 없다는 것입니다. 모습은 있되 공이다, 그래서 "제법(諸法)은 공상(空相)이다"고 합니다. 삼라만상 모든 것은 모습은 있되 사실은 걸릴 게 없다, 이걸 유식(唯識)에서는 '유식무경(唯識無境)'이라고 합니다. '유식'이라는 것은 '모습은 있다'는 말이에요. 우리가 알 수 있는 모습은 있는데, '무경', '그런 물건은 없다'는 말이에요. 유식무경이라는 말을 가장 쉽게 이해하는 것은 꿈을 생각해 보시면 됩니다. 꿈속에서 모든 모습은 알 수가 있는데 실체가 없잖아요. 그것이 유식무경입니다. 그건 하나의 비유지만, 그런 것처럼 이 세계의 모든 삼라만상이 똑같다는 말이에요. 드러난 모습은 있는데 하나도 걸릴 게 없어요. 꿈이라는 것은 마치 허공처럼 아무것도 걸릴 게 없잖아요. 온갖 모습이 다 있어도 실체가 없으니까 걸릴 것이 아무것도 없습니다. 그래서 "제법이 공상이다"라고 하는 것입니다. 삼라만상 모든 것들은 우리가 모습으로서 다 알지만 하나도 걸릴 게 없다. 어쨌든 이것 하나가 분명하면 저절로 이런 말들은 자동적으로 소화가 되는 겁니다.

꿈속의 모습은 없어지기도 하고 생겨나기도 하지만, 꿈은 시작도 없고 끝도 없습니다. 꿈속에 나타나는 모습은 생겨나기도 하고 없어지기도 하지만, 꿈 그 자체는 시작도 없고 끝도 없어요. 우리가 법계를 얘기하자면 그렇게 얘기할 수가 있습니다. 봄에 싹이 트고, 꽃이 피고, 열매를 맺고, 낙엽이 떨어지고, 변화가 있는 것 같지만, 꽃이 피든 싹이 트든 열매가 맺히고 낙엽이 떨어지든, 이것은 시작도 없고 끝도 없는 것입니다. 언제든지 그냥 이 일 하나일 뿐입니다. 언제나 단지 이것뿐입니다. 아침에 일어나서 밥 먹고 세수하고 옷 입고 일을 하다가 저녁에 씻고 자고, 하루의 시작이 있고 끝이 있는 것 같은데, 시작도 없고 끝도 없습니다. 끝이 있고 시작이 있다는 것은 생각으로 그렇게 하는 겁니다. 이것은 언제든지 단지 이것뿐이란 말입니다. 시작과 끝이라? 생각이죠. "시작" 하는 게 이것이고 "끝" 하는 게 이 일입니다. 생각을 하면 시작이 있고 끝이 있죠. 그러나 이게 분명하면, "시작한다" 하는 이것이고, "끝난다" 하는 것이 이것이기 때문에, 이것은 시작도 없고 끝도 없어요. 이러니저러니 할 것도 없고, 지켜야 할 것도 없고 피해야 할 것도 없고, 얻을 것도 없고 버릴 것도 없습니다. 그러니까 언제든지 한결같이 다른 일이 없는 거죠. 그러면 두 말 세 말이 필요 없습니다. 마음이 어떻고 법이 어떻고 하는 것도 쓸데없는 소리입니다. 그냥 매 순간 순간이 전혀 다름이 없고 하나하나 전부가 언제든지 항상, 변함없이 이것뿐입니다. 이것 하나가 있을 뿐입니다.

"생겨나지도 않고 없어지지도 않으며, 더럽지도 않고 깨끗하지도 않으며." 더럽다 깨끗하다 하는 것은 전적으로 우리가 모습을 분별하는 거 아닙니까? "더럽다" 하는 것이 이것이고, "깨끗하다" 하는 것이 이것입니다. 또 "돌멩이에 흙이 묻어서 더럽다, 그런데 흙을 털어내니까 깨끗하다" 하는 이런 모양이나, "아, 내 마음이 요새는 이런저런 온갖 생각으로 시달려서 더러운데, 어느 때는 이런저런 아무 생각도 없어서 아주 깨끗하다" 이렇게 하는 것이나, 똑같이 모양을 가지고 분별한 것입니다. 아무 차이도 없는데 자기 스스로가 망상을 한 거죠. 이런저런 생각이 있든지 없든지 아무 차이가 없습니다. 온갖 생각을 다 해도 하나하나 생각 그대로가 이 일입니다. 아무 생각이 없어도 그냥 똑같이 이 일일 뿐입니다. 그렇기 때문에 청정하고 깨끗한 마음이 따로 있는 게 아닙니다. 항상 그런 부분은 오해를 많이 하는데, 모양을 보고 헤아리기 때문에 오해를 해요. 그래서 명상한다, 마음공부한다고 하면, 생각도 없어지고 느낌도 없어지고 감각도 없어지는 것처럼 여기는데, 그런 게 아니라는 말입니다. 모든 생각 그대로가 이 일입니다. 그래서 생각은 있거나 없거나 아무 차별이 없어요, 차이가 안 납니다. 모든 감각 그대로가 이 일이기 때문에 감각이 있거나 없거나 아무 차이가 없어요. 모든 느낌 그대로가 이 일이니까 느낌이 있거나 없거나 다르지 않습니다. 그래서 늘 생활하는 한 순간 순간이 여여합니다. 아무 차별이 없어요. 다른 일이 없단 말입니다. 항상 그저 이것입니다. 이 법 하나가 명확하고 명백해서 무슨 일이 벌어지더라도 조금도 흔들림이 없습니다.

경계라 하는 것은 마치 손과 같아서 우리 마음을 붙잡고서 잡아당기려고 합니다. 내가 마음이 없으면 어떤 경계가 잡아당기든지 아무 상관이 없습니다. 마음이 있다고 여기고 "이게 내 마음이다" 하니까 경계가 싫어지는 것입니다. 그게 망상이란 말입니다. 이런 유명한 말이 있습니다. "모든 부처님과 조사들의 가르침은 우리 중생들의 마음을 제도하기 위한 것이다. 그런데 나한테는 마음이라고 할 것이 전혀 없으니 부처의 말씀이나 조사의 말씀이 무슨 소용이 있느냐?" 그러니까 이런저런 게 따로 없습니다. 부처가 이것이고 조사가 이것입니다. 달마가 여기에 있고 석가모니가 여기에 있고 육조가 여기에 있단 말입니다. 따로 없습니다. 이런저런 일이 따로 없고, 이런저런 법이 따로 없습니다. 작년에 뭘 했고 어제 뭘 했고 오늘 뭘 했고 내일 뭘 할 것이다, 하나하나가 전부 다 이 일입니다. 그래서 과거, 현재, 미래, 차별이 없습니다. 이 일 하나가 있을 뿐입니다. 이건 어려울 게 없어요. 너무나 당연한 일입니다. 명확한 일이고 명백하죠. 이것만 딱 명백하면 무슨 일이 있어도 아무런 특별한 일이 없습니다. 하늘과 바다가 뒤집혀서 물이 위에 있고 하늘이 밑에 있어도 아무 일이 없어요. 아무런 다른 일이 없단 말입니다. 언제든지 차별되는 일이 없습니다.

이게 어렵습니까? 세상에 이것만큼 명백한 일이 없고 이것만큼 쉬운 일이 없어요. 가만히 있어도 분명하니까 노력이 전혀 필요하지도 않으니까요. 가만히 있어도 온 천지에 이것뿐인데, 이게 뭐가 어렵습니까? 조금이라도 힘쓰고 노력하고 신경 써야 하는 그게 스트레스 받고 힘든 일이지 이건 전혀 그럴 필요가 없는 거거든요. 가만히 있으면 저절로 분명합니다. 그래서 옛날부터 "찾으면 오히려 어렵고 힘들다, 찾지 않으면 온 천지에 이것뿐이다" 그렇게 얘기했습니다. 그러니까 이 일은 어려운 게 전혀 없습니다. 단지 (책상을 두드리며) 이것 하나가 있을 뿐입니다.

어쨌든 자기 자신이 어렵고 힘들다면 스스로가 어렵게 만들고 스스로가 힘들게 만드는 것이지, 법이 어렵고 법이 힘든 것은 아닙니다. 캄캄하다면 스스로가 캄캄하게 만들어 놓고 있는 것이지, 법이 캄캄할 건 없단 말입니다. 이건 아주 명확하고 명백한 것입니다. 바로 이 일이거든요. (책상을 두드리며) 이것보다 더 이상 명백할 것은 없죠. 바로 이 일이거든요. 차 마시고 시계 보고 죽비 치고 말하고 쳐다보고 신발 신고 왔다 갔다… 전부 이 일이거든요. 이게 뭐가 어렵습니까? 이건 명백한 것입니다, 항상 명백한 거죠. 하늘 끝에서 땅 끝까지 전부 이 하나의 일입니다.

하여간 구질구질한 이야기를 할 필요가 없습니다. 부대사가 《금강경》 강의를 해달라고 하니까 법상에 올라가서 죽비 한 번 딱 치고 싹 내려가 버렸다고 하죠? 어떤 스님이 설법하러 올라왔는데, 바깥에서 새가 지저귀니까 새 소리를 잠깐 듣고 "설법 끝났다" 하고 내려갔다고 합니다. 옛날 우리나라 경허 스님도 옷을 한 번 벗으면서 그걸로 설법 끝내고 내려갔다고 얘기합니다. 보통 스님들이 설법할 때 맨 처음에 뭘 합니까? 주장자 같은 걸로 한 번 치고 주장자를 세우고 하잖아요. 사실 거기서 이미 다 끝난 거거든요. 그게 안 통하니까 두 번 세 번 방편을 써보는 것뿐이거든요. 두 번 세 번 방편을 써도 끝까지 이것 하나뿐인 겁니다. 다른 일이 있는 것은 아닙니다. 이런 법이 있고 저런 법이 있고 차등되는 법이 있는 것이 아닙니다. 다만 이것 하나뿐입니다. 차별되는 법이 없다는 건 둘이 없다는 것입니다. 딱 (손을 들면서) 이것 하나뿐이란 말입니다. 그러니까 이건 뭐 어려울 것이 없습니다. 조금도 어려울 게 없습니다. 너무나 당연한 것입니다.

"선이 뭐요?"

"(책상을 두드리며) 이것입니다."

"도가 뭐요?"

"(책상을 두드리며) 이것입니다."

"반야가 뭡니까?"

"(책상을 두드리며) 이것입니다."

"마음이 뭡니까?"

"(책상을 두드리며) 이것입니다."

"깨달음이 뭡니까?"

"(책상을 두드리며) 이것입니다."

조금도 어려울 게 없습니다. 그러니까 시작도 없고 끝도 없고, 법회가 따로 있는 것도 아니고, 하루 종일 1년 365일이 다 법계이고 다 법회이고 다 부처의 일이고 다 불사(佛事)란 말입니다. 1년 365일 하루 24시간이 한 순간도 불사 아닌 것이 없습니다. 부처의 일 아닌 것이 없습니다. 전부 다 똑같이 이 하나의 일입니다. 이 일 하나만 있을 뿐이지 다른 일은 없습니다. 이건 어려울 게 없습니다. 어렵고 쉽고 하는 것이 아닙니다. 어렵다 하는 게 이거고, 쉽다 하는 게 이거니까요. 어려울 것도 없고 쉬울 것도 없고 그냥 이 일입니다. 시계는 시계고 컵은 컵이고 하늘은 하늘이고 땅은 땅입니다. 이건 어려울 것도 없고 쉬울 것도 없고, 그냥 이 일입니다. 그저 이 하나의 일일 뿐입니다.

다섯 번째 법문

그러므로 공[18]에는 색도 없고 수·상·행·식도 없으며, 눈·귀·코·혀·몸·의식도 없으며, 색깔·소리·냄새·맛·촉감·법도 없으며, 안계에서 의식계[19]까지도 없으며,[20] 무명[21]도 없고 무명이 끝남도 없으며, 나아가 늙어 죽음도 없고 늙어 죽음이 끝남도 없으며, 고집멸도[22]도 없고, 지혜[23]도 없고, 깨달음을 얻음도 없으니, 얻을 것이 없기 때문이다.[24]

是故 空中 無色無受想行識 無眼耳鼻舌身意 無色聲香味觸法 無眼界乃至無意識界 無無明亦無無明盡 乃至無老死亦無老死盡 無苦集滅道 無智亦無得 以無所得故.

18) 분별이 사라져서 분별이 사라졌다는 생각도 없으면 곧 공(空)이다. 그러므로 공(空)에서는 언제나 어디에서나 전체로서 부분이 없다. 아무리 작아도 전체요, 아무리 커도 전체이니, 언제나 눈앞의 세계가 모두요, 남음도 모자람도 없다. 언제나 눈앞의 세계가 전체이니, 생겨남도 없고 사라짐도 없으며, 있는 것도 아니고 없는 것도 아니다.

19) 십팔계(十八界) : 십팔계란 우리가 경험하는 세계를 설명하기 위하여 만든 이름. 지각 기관인 안이비설신의(眼耳鼻舌身意)의 육근(六根)과, 각 지각 기관의 지각 대상인 색성향미촉법(色聲香味觸法)의 육경(六境)과, 각각의 지각 기관과 지각 대상의 접촉에 의하여 생기는 안식(眼識)·이식(耳識)·비식(鼻識)·설식(舌識)·신식(身識)·의식(意識)의 육식(六識)으로 구성되어 있다. 보통 육근이라는 지각 기관과 육경이라는 지각 대상의 접촉에 의하여 육식이 생긴다고 하지만, 사실은 반대로 육식이라는 지각 작용이 있으므로 육근과 육경이라는 경계가 나타난다고 해야 타당하다. 즉, 육식이라는 지각 작용이 바탕이 되어 육근과 육경이라는 경계가 건립된다.

20) 마치 꿈속의 일과 같아서, 보이는 대로 분별하면 있는 듯하지만, 사실은 있는 것도 아니고 없는 것도 아니다.

21) 무명(無明) : 밝은 지혜 없이 망상(妄想)의 어둠 속에 있는 것.

22) 사제(四諦) : 사성제(四聖諦)라고도 한다. 고(苦)·집(集)·멸(滅)·도(道)의 네 가지 진리. 어리석음과 깨달음이라는 두 경계의 인과(因果)를 설명한 불교의 근본 가르침으로, 석가세존이 녹야원에서 행한 초전법륜은 이 이치를 설한 것이다. 고제(苦諦)는 사바세계의 삶이 모두 고(苦)라는 것이고, 집제(集諦)는 이 고의 원인이니 망상하여 짓는 업의 모임 때문에 고가 생긴다는 것이고, 멸제(滅諦)는 번뇌와 업을 소멸하여 고가 사라진 열반이고, 도제(道諦)는 이러한 멸에 들어가는 길인 팔정도(八正道)의 수행을 가리킨다.

23) 지혜는 곧 반야(般若)이니, 깨달음을 가리킨다.

24) 얻을 것도 없고, 잃을 것도 없고, 더할 것도 없고, 뺄 것도 없다. 있는 것이 없는 것이요, 없는 것이 있는 것이며, 있다고도 할 수 없고, 없다고도 할 수 없다.

그러므로 공에는 색도 없고 수·상·행·식도 없으며, 눈·귀·코·혀·몸·의식도 없으며, 색깔·소리·냄새·맛·촉감·법도 없으며, 안계에서 의식계까지도 없으며, 무명도 없고 무명이 끝남도 없으며, 나아가 늙어 죽음도 없고 늙어 죽음이 끝남도 없으며, 고집멸도도 없고, 지혜도 없고, 깨달음을 얻음도 없으니, 얻을 것이 없기 때문이다.

是故 空中 無色無受想行識 無眼耳鼻舌身意 無色聲香味觸法 無眼界乃至無意識界 無無明亦無無明盡 乃至無老死亦無老死盡 無苦集滅道 無智亦無得 以無所得故.

"색·수·상·행·식"은 오온(五蘊)이라 하고, "눈·귀·코·혀·몸·의식, 색깔·소리·냄새·맛·촉감·법, 안계(眼界)에서 의식계까지"는 18계라고 하는 것인데, 오온은 경험세계를 다섯 가지로 분류한 것이고, 18계는 열여덟 가지로 분류한 것입니다. 오온은 육체·느낌·

다섯 번째 법문 109

생각·욕망·의식으로 경험세계를 구분했고, 18계는 눈·귀·코·혀·몸·의식이라는 여섯 가지와 여기에 상대되는 여섯 가지, 즉 눈은 색깔, 귀는 소리, 코는 냄새, 혀는 맛, 몸은 촉감, 의식은 법, 그리고 색깔·소리·냄새·맛·촉감·법 각각을 아는 것 여섯 가지, 그래서 3×6=18 해서 18가지로 구분했습니다. 오온과 18계는 우리 경험세계를 나타내는 방식입니다.

그리고 "무명(無明)"과 "무명진(無明盡)"이라 했는데, '무명'은 밝음이 없으니까 중생의 어리석음을 가리키는 것이고, '무명진'은 어리석음이 끝나서 깨달음을 얻는 것을 얘기하는 것입니다. "생로병사"는 중생의 번뇌를 가리키고, "생로병사가 끝난다"는 말은 번뇌에서 벗어났다는 말입니다. "고집멸도"는 사성제(四聖諦)라 해서 가장 초기의 기본적인 교리를 나타내는 방식입니다. '고(苦)'라는 것은 중생이 고통을 당한다는 것이고, '집(集)'이라는 것은 고통을 당하는 원인으로서 오온처럼 육체가 있다고 여기고 느낌이 있다고 여기는 것을 가리킵니다. '멸(滅)'이라는 것은 열반을 가리키는 것으로 고통이 소멸했다는 말이고, '도(道)'라고 하는 것은 열반으로 가는 길이라는 말이에요. 중생은 고통 속에 있는데 그 원인은 '집(集)'이고 그래서 불교 공부를 해서 고통을 소멸하는 것이 열반이다, 뭐 이런 뜻으로 "고집멸도"라고 하는 것은 불교를 가장 간단하게 소개하는 구절입니다. "고집멸도도 없다", 말하자면 고통도 없고 그 원인도 없고 열반도 없고 열반을 얻는 길도 없다는 말이에요.

지혜도 없고, 깨달음을 얻는 일도 없고 이 모든 것이 없는 이유가 무엇이냐? 여기 맨 마지막에 구절에 "이무소득고(以無所得故)"라는 말이 나옵니다. 달리 얻을 게 없기 때문이다, 뭘 얻는다든지 뭘 내버린다든지 그런 차별이 없기 때문이라고 얘기했습니다. 이걸 다르게 얘기하면, "이런 게 있다 없다"고 하는 것은 분별하고 상대화시키고 있는 것입니다. 대상이 있고, 내가 여기 있고, 내가 뭔가를 얻거나 잃거나 하는 식이니까요. "얻을 게 있다"고 하는 것은 얻는 사람이 있고 얻을 대상이 있고, 즉 차별 속에 있다는 말이죠. "얻을 게 없다"는 이 말은 얻는 사람도 없고 얻을 대상도 없고, 말하자면 그런 차별에서 벗어났다는 말입니다. 표현을 이런 식으로 하고 있는데, "무명이 있다"고 하면 무명이 저기 있고 무명 속에 빠져 있는 사람이 있고, "깨달음이 있다"고 하면 깨달음이 있고 깨달음을 얻는 사람이 있고, 계속 이렇게 차별 속에 있게 됩니다. 그러니까 그런 차별 속에 있는 것이 바로 무명(無明)이고, 분별망상이란 말이죠.

이렇게 개념적으로 차별하고 분별하는 입장에서는 법은 꿈도 못 꾸는 것입니다. 그런 차별과 분별은 전부 망상 속의 일입니다. 법은 '그게 어떤 뜻이다, 그게 어떤 의미다'라고 이해를 하는 길이 아니라는 말입니다. 이해하는 길이 이쪽이라면, 법이라는 것은 이쪽으로 가는 것이 아니란 말입니다. 이해를 한다고 할 때나 하지 못한다고 할 때나, 안다고 할 때나 모른다고 할 때나 사실은 전혀 차이가 없습니다. 다만 이 일인데, 우리가 생각에 말려들어가 있으니까 한다·못한다, 안다·모른다… 자꾸 그런 식으로 분별하죠. (손을 들면서) 이것은 이해를 한다 하든지 이해를 못한다 하든지, 안다 하든 모른다 하든, 사실은 아무런 차이가 없습니다. '공(空)'이라는 표현을 했지만, 공이라는 것도 억지로 붙인 이름이고, "공이다" "색이다" 어떻게도 이름 붙일 수가 없어요. 왜냐면 "공이다" 할 때도 "색이다" 할 때도 이건 뭐 아무 차이가 없으니까요. "공이다" 하는 것도 벌써 상(想)이죠, 개념이란 말입니다. "공이다" 그러면 공이란 분별 속에 떨어져 버린단 말이죠. 그래서 이것은 공도 아니고 색도 아니고 지혜도 아니고 어리석음도 아니고, 있는 것도 아니고 없는 것도 아니고, 그냥 (손을 들면서) 이 일입니다. (손을 들면서) 여기서 공을 얘기하고 색을 얘기하고 지혜를 얘기하고 어리석음을 얘기하고 하는 거죠.

 이것 하나가 분명하면, 이것은 이름을 붙일 수 있는 모습이 아니고 분별할 수 있는 게 아닙니다. 그냥 나타나는 것이 차별 없이 전부 이 한 개의 일입니다. 헤아릴 것도 없고 따질 것도 없고 당장 분명하면 이것뿐인 것이고, 분명하지 않으면 '공인가? 색인가? 지혜냐? 어리석음이냐?' 자꾸 차별 속에 떨어져 버립니다. 우리가 공이냐 색이냐 이렇게 따져서 될 일은 아닙니다. 하여간 이게 분명해져야 되는 것이지 다른 것은 없습니다. 이게 분명해지면 무슨 일이 있어도 다른 일이 없단 말입니다. 자나 깨나 무심코 있을 때나 신경을 써서 뭘 할 때나 아무 차이가 없습니다. 숨 쉬는 것이나 밥 먹는 것이나 차 마시는 것이나 생각하는 것이나 이야기하는 것이나 똑같은 일이에요. 있다고도 할 수 없고 없다고도 할 수 없고, 공이라고 할 수도 없고 색이라고 할 수도 없고, 깨달음이라고 할 수도 없고 어리석음이라고 할 수도 없는 것입니다. 왜 자꾸 이것도 없고 저것도 없고, 왜 자꾸 없다고 하느냐? '이(以) ~ 고(故)'라는 말은 문법적으로 ' ~이기 때문이다'는 말입니다. "얻을 것이 없기 때문이다(以無所得故)", "얻을 것이 없다"라는 표현은 다른 것이 아니고 따로 없다는 말입니다. 따로 있어서 둘이 되면 내가 얻든지 잃든지 할 텐데, 이것은 둘이 아니란 말이에요. 그러니까 얻을 일도 없고 잃을 일도 없다 이 말이에요.

이게 분명하면 언제든지, 무슨 일을 하든 무슨 경우에도 차별 없이 이 일입니다. 그런데 생각이 들어와서 "왜 그런가?" 하면 바로 둘이 되어 버립니다. 생각을 가지고 법을 정하면 안 되는 것입니다. 그래서 한 번 확 하고 통해 버리면, 그것으로써 아무것도 붙잡거나 의지하지 말고 완전히 통해 버려야지 "이게 뭐꼬?" 하고 찾아보고 하면 또 망상이 되어 버려요. 그래서 온 세상에 티끌 하나도 붙들고 있는 게 없고, 의지하고 있는 게 없고, 찾아낼 일이 없어야 됩니다. "이런 게 법이구나" 하면 생각으로 흘러가 버립니다. 생각 속에서 이러쿵저러쿵 해봤자 그건 아무 의미가 없습니다. 하여튼 이 하나가 분명해야 됩니다. 이 일이 분명하면 한결같이 그냥 이 하나의 일일 뿐입니다.

"색·수·상·행·식이 없다"는 것은 '있다, 없다'라는 사실 관계를 주장하는 것이 아닙니다. (책상 위의 돌멩이를 들어 보이며) 이런 사물을 분별해서 '책상 위에 돌멩이가 있다, 없다'는 식으로 얘기를 하는 게 아닙니다. 육체가 없다? 그런 식으로 따지면 육체가 왜 없습니까? 다 있죠. 코가 없고 눈이 없다? 왜 코가 없고 눈이 없어요? 다 있잖아요. 그러니까 그런 얘기가 아니란 말이에요. 이렇게 비유를 할 수가 있겠죠. 꿈속에서 앞에 시계가 있고 마이크가 있고 컵이 있고 돌멩이가 있습니다. 꿈속에서는 분명하게 있습니다. 그렇지만 꿈을 깨고 나서 보면 도대체 있는 것과 없는 것의 차이가 뭡니까? 아무 차이가 있을 수가 없죠. 그와 똑같단 말이에요. 이 법이 분명하면 있고 없고 하는 사실을 얘기하는 것이 아닙니다. 온 세상 모든 일은 차별이 없고, 똑같이 이 하나의 일입니다.

우리가 감각에 매여 살고 생각에 매여 살다 보니까, 보이고 들리면 있고, 보이지 않고 안 들리면 없다고 감각에 기준을 두고 얘기를 합니다. 생각을 해서 이치가 맞고 이해가 되면 타당하다고 하고, 앞뒤가 안 맞으면 틀렸다고 하거든요. 그런데 그런 것과 이 법과는 관계가 없습니다. 그렇게 하는 건 꿈속의 일과 똑같은 것입니다. 그렇기 때문에 가끔씩 인용하듯이 《법화경》에 나와 있는 말처럼 "법은 법으로서 항상 변함이 없고, 세간의 모습은 세간의 모습으로서 항상 변함이 없다"고 하는 것입니다. 그걸 《화엄경》에서는 "이사무애(理事無碍)"라고 합니다. 이런 저런 표현들도 어쨌든 이게 한 번 딱 분명해야 그게 무슨 말인지 저절로 납득이 되는 것입니다. 저절로 납득된다고 하는 것은 생각으로 이해된다는 것이 아닙니다. 그냥 압니다. 그렇게 얘기할 수도 있겠구나 하고 그냥 납득이 되는 것이지, 왜 그렇게 돼, '왜?'라는 건 없습니다. '왜?' 하면 생각이 들어와 버리니까요. '왜?'라는 이유가 없어요. 그냥 그렇게 표현될 수 있겠구나 하고 납득이 됩니다. 그러니까 (책상을 두드리며) 이게 한 번 딱 맞아떨어져야지, 그렇지 않고 법을 보는 안목이 없으면 세간의 모습을 버리고 법을 구한다든지, "나는 아무 감각도 없다", "나한테는 아무 생각이 없어" 하고 이렇게 엉뚱한 짓을 하게 됩니다. 그건 전연 이치에 맞지 않는 소립니다. 설사 그렇게 한다 해도 그건 자기를 속이는 짓입니다. 생각할 것 다 하고, 볼 것 다 보고, 들을 것 다 듣고, 행동할 것 다 하는데, 이런 얘기를 이렇게 할 수 있는 것입니다. 육체도 없고 생각도 없고 마음도 없고 아무것도 없다고 얘기할 수 있는 것입니다. 이건 생각으로는 도저히 이해가 안 되는 것이죠.

어쨌든 "조금도 머물 데가 없다"고 해야 되나 "조금도 붙잡거나 놓을 것이 없다"고 해야 되나, 보통 표현은 "조금도 장애가 없다"라고 하는데, 이 법이 분명해야 조금도 걸릴 게 없습니다. 그냥 언제든지 이 일 하나란 말입니다. 하여튼 이것은 스스로가 분명해져야 됩니다. 이게 한 번 와 닿아야 되지, 그렇지 않으면 이건 어떻게도 설명이 안 됩니다. 분명해지면 그냥 이것뿐입니다. 이건 아무런 특별한 일이 아닙니다. 이상하거나 특별하지도 않고 너무 당연하게 이 일뿐이지 조금도 변화가 없습니다. 항상 똑같습니다. 그러나 이게 분명하지 않고 말만 따라서 연구하게 되면, 세간상을 버리고 법을 취하든지, 아니면 세간상과 법을 양립시켜 놓고 억지로 짜 맞추든지 이상한 짓을 하게 됩니다. 절대로 그렇게 하면 안 됩니다.

어쨌든, "어쨌든" 하는 게 이 일입니다. 이게 한 번 분명해져야, 온갖 생각 다 하고 온갖 일 다 하는데도 아무것도 걸리는 것이 없습니다. "아공법공(我空法空)"이라 그러듯이 '나'라고 할 것도 없고 상대가 되는 것도 없습니다. 하여튼 이 하나의 일입니다. 지금 당장 이 일이에요, 다른 것이 아니고요. 이게 분명하면 한결같이 이것 하나뿐이지만, 생각이 개입되어서 느낌을 따라간다든지 생각을 따라간다든지 감정을 따라간다든지 해버리면 밝음이 사라지고 거기에 끄달려 버립니다. 그러니까 자기도 모르게 망상에 떨어져 버린단 말입니다. 그래서 항상 공부하는 사람은 이 법 하나가 확연해지고, 한결같이 이것 하나에서 벗어남이 없어야 합니다. 벗어난다고 하는 게 우스운 것입니다. 이 하나에서 벗어날 수 있는 게 아니고, 우리가 그렇게 망상을 지어서 따라가는 겁니다. 말하자면 꿈에서 깨어나지 못하고 다시 꿈속으로 빠져드는 것과 똑같습니다. 그런 것이지 벗어나고 맞고 하는 차별이 사실 있는 게 아닙니다. 그냥 이것뿐이죠. 언제든지 이 일 하나뿐인데, 자기가 그렇게 하는 것입니다. 이런저런 차별되는 일이 있는 게 아니고, 다만 이 일이어서, 이게 분명하면 뭘 하든지 한결같이 이 하나죠. "이 하나죠" 하는 게 이것이거든요. "이거 하나뿐입니다"가 이것입니다. 그러니까 무슨 일이 있든지 항상 똑같아요.

꿈이라는 게 그렇지 않습니까? 모습은 다 나타나 있는데 깊이가 없고, 두께가 없습니다. 영화 화면처럼 모든 모습이 나타나 있는데 그 뒤에 실체가 따로 없다, 그렇게 꿈에 대해서 얘기할 수 있죠. 그런 것처럼 이 세상 일도 똑같습니다. 그런데 그 뒤에 실체가 있다고 집착하는 것이 우리들 망상이거든요. 그래서 불교에서는 "자성(自性)이 없다"고 하는 겁니다. '자성'이라고 하는 것은 불교식 용어이고, 쉬운 말로 하자면 '실체', '실질'이라고 표현할 수 있겠죠. "실질이 없다"고 하는 것은 사실 관계라기보다도 역시 우리가 자꾸 실질이 있다, 여기 돌멩이가 있다, 이렇게 집착하는 병에 대해서 하나의 약을 쓴 겁니다. (책상 위의 돌멩이를 들면서) 이 돌멩이를 가지고 책상을 내리쳐서 책상에 흠집을 내고, 망치로 돌멩이를 쳐서 가루로 만들고, 무엇을 잡아끌어서 드르륵 소리를 내는 일들 하나하나가 차별 없이 똑같은 일이에요. 있는 것도 아니고 없는 것도 아니고, 실질도 아니고 헛것도 아니고, 차이가 없어요. "두께가 없다"고 표현할 수도 있겠죠. 똑같이 이 하나의 일이라! 불교에서는 차이가 없다고 하는데, 두께가 없다? 크기가 없다? 표현을 어떻게 해야 될지 모르겠는데, 하여튼 이 일입니다! 뭘 하든지 이 하나의 일입니다. 이게 분명하지 않으면 돌멩이라는 물질이 있다고 집착을 해버립니다.

하여튼 이런저런 이야기보다도 지금 이렇게 느끼고 보고 듣고 말하고 생각하는 것 하나하나가 똑같은 일이에요. 그런데 우리가 그것을 '느낌은 이런 것, 생각은 이런 것' 하고 차별화시켜서 따로따로 있는 것처럼 차별을 하는 거죠. 그게 병입니다. (책상을 두드리며) 이게 한 번 분명해지면 이런저런 모든 일이 하나의 동일한 일입니다. 이걸 표현하자면, 오직 이것 하나가 진실할 뿐, 차별을 지어서 '이런 것이 있다 없다' 하는 것은 진실하지 않다, 이렇게 표현할 수 있습니다. 하여튼 이게 한 번 와 닿아야 된다고 하나, (책상을 두드리며) 이 일이 분명해져야 됩니다. 이건 어쨌든 본인이 자꾸 여기에 관심을 가지고 있다 보면, 어느 순간에 이게 딱 분명해지는 것입니다.

보통은 이렇죠. 뭔가 텅 비어 버린 것 같고, 아무 일이 없는 것 같고, 이런 느낌을 가질 수 있는데, 거기에 머물면 안 되고, 계속 공부를 해야 합니다. 비어 있는 것도 아니고 가득 차 있는 것도 아니다, 있는 것도 아니고 없는 것도 아니다, 이렇게 표현할 수가 있습니다. 어떻게 보느냐에 따라서 그렇게 보이는 겁니다. 그런데 이게 분명하면 어떻게 보든 본질은 딱 이것 하나죠. 이렇게 보든 저렇게 보든 결국 이것이지 이렇게 본다고 그런 일이 따로 있는 게 아니고, 저렇게 본다고 그런 일이 따로 있는 건 아니라는 말입니다. 여기서 '없다, 없다' 하는 것은 우리가 '있다'는 것에 집착하고 있으니까 그것에 대해 약을 쓴 것입니다. 우리는 '있다'고 하는 집착이 있습니다. 뭔가 따로 있다 이 말이에요. 색이라는 게 따로 있고 공이라는 게 따로 있고…. '따로 있다'라는 건 '얻을 게 있다'라는 뜻이거든요. '따로 있는 줄 아는 것'을 '얻은 것이다'라고 표현했습니다. 따로 있는 그것을 내 손아귀에 넣고 안 넣고 하는 것이 문제가 아닙니다. 따로 있다? 그건 분별이고 망상이고 집착이죠.

이게 분명하면 하는 일들이 전부가 차별이 없습니다. 차별이 없다는 게 바로 (손을 들면서) 이것입니다. 스스로가 이 하나가 분명하고 항상 이 일뿐인데, 차별 없는 이 가운데서 자기가 차별을 만들고 일으키는 겁니다. 이 차별 없는 가운데서 생각을 굴리고 보고 듣고 하면서 차별을 자기가 일으켜 버린다는 말입니다. 차별을 일으켜서 거기로 따라가 버리면 온 세상이 다 차별되는 세계고, 차별이 되면 '나'라는 게 있고 바깥 세계가 있고, 그렇게 되면 내 것이 있고 내 것 아닌 게 있고, 소중하다 소중하지 않다, 온갖 차이가 다 나오는 것입니다. 그렇게 되면 집착과 번뇌가 치성하게 되어 버리는 거죠. 사실은 내 것이다, 내가 있다, 차별이 된다, 어쩌고저쩌고 하는 이 일이 전혀 다르지 않은 일입니다. 똑같은 일인데, 결국 자기가 자기를 속이는 겁니다. 망상이라는 게 따로 있는 것이 아닙니다. 자기가 자기를 속이는 겁니다. 그래서 "물고기가 물속에서 물을 찾는다" 하듯이 물고기가 자기를 속이는 겁니다. 물이 없어서 찾는 게 아니란 말이에요. 자기 집 안에서 자기 집을 찾는다? 자기가 자기를 속이는 거죠. 자기 머리를 찾아다닌다? 자기가 자기를 속이는 거죠. 그래서 우리의 이 깜깜한 무명의 어둠은 자기 자신이에요. 자기 자신이 무명의 어둠이자 밝은 반야이기도 하단 말입니다. 그러니까 달라질 것은 없어요. 자기 스스로가 이 일입니다. 이리저리 따질 것도 없고 생각할 것도 없고 그저 차별 없이 항상 이 일 하나죠. 항상 이것뿐입니다. 헤아리고 따지고 생각하면 자기가 자기한테 속아 버립니다.

"도가 뭡니까?" 하지만 "도가 뭡니까?"에서 명백하게 자기가 구현하고 있어요. "도가 뭡니까?" 자기가 다 완전하게 실현을 하고 있으면서 자기는 모른다고 여기는 것입니다. 이걸 옛날 사람들이 뭐라고 표현을 했느냐? "사람이 자기 귀를 막고 큰 소리를 지르면서 자기가 못 들으니까 남도 못 듣는 줄 안다"고 했습니다. 자기 귀를 막고 큰 소리로 얘기를 하는데, 자기가 자기를 속이는 것이죠. 중생의 어리석음이라는 게 그런 것이라는 말입니다. "도가 뭡니까", 그냥 이게 다입니다. 이것뿐입니다. "도가 뭡니까", 완전하게 자기가 다 실현을 했는데, 이렇게 다 실현하고 있으면서 "아, 도가 뭘까? 나는 왜 이렇게 깜깜할까?" 이러고 있는 겁니다. "나는 왜 이렇게 깜깜할까" 하는 그게 완전하게 실현하고 있는 것입니다. 이 이상도 없고 이 이하도 없습니다. 그런데 "나는 왜 이렇게 깜깜할까?" 하고 자기 스스로가 눈을 감아 버리고 밝은 빛 속에서 캄캄하다고 생각하고 있는 겁니다.

 이 세계는 도(道)를 감추고 있지 않습니다. 진리를 감추고 있지 않습니다. 하나하나의 모든 나타나는 색·수·상·행·식, 색깔·소리·냄새·맛·촉감·의식을 단 하나도 감추거나 숨기지 않고 (손을 들면서) 이것을 그대로 증명하고 있습니다. 마치 물고기가 물 속에 있으면 모든 물결과 물의 흐름이 전부 물을 증명하듯이, 사람이 자기 집 안에 앉아 있으면, 방바닥이든 지붕이든 천정이든 집 안에 있는 가재도구가 자기 집 안의 물건이듯이, 눈앞에 있는 게 전부 이것을 입증하고 있습니다. 그래서 온 천지에 부처님이 없는 데가 없고 법을 설하지 않는 데가 없다, 이런 얘기를 한단 말이죠. 전부가 단지, 바로 지금 이 일이거든요. 다른 일은 없습니다. 이 일 하나죠. 이것을 찾으려고 하는 놈이 자기고, 찾으려고 하는 것도 자기고, 찾아져야 할 것도 자기고, 얘기를 하자면 똑같은 물건입니다. 찾는 놈이나 찾아질 물건이나 같은 하나입니다, 하나! 떨어져 있는 둘이 만나는 게 아니고, 원래 (책상을 두드리며) 이 하나뿐입니다. 이건 진짜로 간단합니다. 그런데 이게 탁 와 닿아야지 이해로는 죽었다 깨어나도 안 돼요. 이게 한 번 와 닿으면, 전부 이것뿐인데 아무 다른 일이 없는데, 희한하게도 이게 잘 안 돼요.

결국 우리가 따로 있다고 여기고 얻을 게 있다고 여기는 것이 병입니다. 우리는 진리라는 게 따로 있다고 여기고 있어요. (책상을 두드리며) 이 일이지 따로 있는 게 아닙니다. "자기 집 안에서 자기 집을 찾는다." 방 안에 앉아서 어디를 쳐다보든지 자기 집 아닌 데가 어디 있어요? 그런 것처럼 우리가 지금 이렇게 생각하고 저렇게 생각하고, 이런 걸 보고 저런 걸 보고 하는 것이 전부가 똑같은 일이에요. 전부가 똑같은 이 하나의 일이란 말입니다. 그런데 그걸 생각으로 이해하면 안 돼요. 이게 한 번 탁 와 닿으면 온 천지가 차별 없이 하나가 된다니까요. 그래서 그냥 통하면 탁 통해서 차별 없게 되는데, 그 다음에 이걸 생각으로 해석을 하고 이해를 하면 안 됩니다. 생각은, 옛날 사람들이 표현하길 "그림 속의 떡을 가지고는 배가 부르지 않는다"고 했습니다. 집어먹을 수 있는 떡을 놔두고 또 그 앞에다 그림 속의 떡을 놔두면, 이걸 먹을 수가 없는 거예요. 진실이 여기에서 탁 확인이 되면 항상 이게 탁 생생하고 분명해야 되는데, 그놈의 생각이 탁 들어오면 그림이 앞에 탁 가로막아요. 다시 말해 '그림속의 떡'이 탁 가로막는 것이죠. 그러니까 이것이 확실해져서 언제든지 이 일이어야 됩니다.

우리가 살아온 세월이 그렇잖아요. 모든 것에서 본래면목 자신은 뒤에 물러서 있고 생각이라는 놈을 항상 선봉장으로 앞세워서 그놈이 죽든가 살든가 하고 살아왔거든요. 생각이 이끄는 대로 따라다녔다는 말입니다. 그러나 이것이 한 번 탁 와 닿으면, 생각이 앞장을 서지 않습니다. 생각이 끌어당기는 대로 가지 않습니다. 이렇게 생각을 하든 저렇게 생각을 하든, 내가 생각을 조정할 수 있고 써먹을 수 있지만, 나 스스로는 생각이 어떻게 움직이든 아무 상관을 하지 않습니다. 말하자면 거기에 끄달리지 않는단 말입니다. 어떤 생각을 하든지 다만 (손을 들면서) 이 하나죠. 단지 이 하나일 뿐입니다. 어떻게 생각하든 어떻게 느끼든 전혀 다른 일이 없습니다. 어떻게 말을 하든 어떤 물건을 보고 무슨 짓을 하든지 간에 딱 그냥 이것 하나뿐이라! 요지부동입니다. 아무 다른 일이 없어요. 그러니까 "깨달음이라는 물건도 따로 있는 것이 아니고, 생로병사도 따로 있지 않고, 생로병사가 없어지는 그런 일이 있는 것도 아니고", 이런 소리까지 하는 것입니다. 생로병사가 있다, 그러니까 생로병사를 없애야 된다, 이렇게 '유'와 '무' 사이를 왔다 갔다 하는 걸 갈등이라고 그래요. 번뇌죠, 번뇌! 생로병사가 있으니까 생로병사를 없애야 된다? 갈등이자 번뇌입니다. 그것은 해결책이 아닙니다. 없앨 수도 없습니다. 그렇게 되면 "생로병사가 없는 것이 곧 진리다", 이런 이상한 결론이 나오죠. 생로병사가 있는 이 세계와 생로병사가 없는 이 세계가 다른 세계가 되어 버려요. 그러면 "눈앞의 이 세계는 버려야 될 세계이고, 생로병사가 없는 이상세계는 우리가 도달해야 될 세계다", 이런 이상한 짓이 벌어진다니까요. 그렇게 되면 이것과는 아무 상관이 없어요. 그건 전부 다 망상입니다.

《법화경》의 그 구절을 반드시 소화시켜야 됩니다. "법은 법대로 완전하고, 세간의 모습은 세간의 모습대로 변함이 없다." 그래서 법과 세간은 전혀 둘이 아닙니다. 아무리 생로병사를 해도 생로병사가 없고, 그래서 있는 것이 없는 것이고 없는 것이 있는 것이다, 이렇게 표현을 하기도 하죠. 하여튼 이 일입니다. 이게 한 번 딱 맞아떨어져야 됩니다. 이것만 맞아떨어지면 아무 다른 일이 없습니다. 이렇든 저렇든 아무런 차이가 없습니다. 이게 딱 맞아떨어지지 않으면, "이런 게 있구나" 하고 그걸 진실로 여기고 그런 데에 빠져 버립니다. "이런 게 법이요" 하고 법상을 짓습니다. 법에 대한 개념, 깨달음에 대한 개념을 가지게 됩니다. 그것은 법도 아니고 깨달음도 아닙니다. 법에 대한 개념, 깨달음에 대한 개념, 마음에 대한 개념, 그런 것은 있을 수가 없습니다.

《금강경》에서는 바로 그 얘기를 굉장히 많이 반복하고 있죠. "법이니 마음이니 여래니 하는 것은 이름이 그런 것이지 그런 것은 없다. 그런 개념을 가져서는 안 된다." 계속 그 얘기를 합니다. 우리가 뭘 얻는다 하는 것은 개념을 가지고 거기에 집착을 했다는 말이에요. 그렇다면 거기서 사로잡혀서 빠져나오질 못하는 겁니다. 일상생활도 안 그렇습니까? 병에도 과대망상증 혹은 편집증이라고 하는 게 있잖아요. "누군가가 나를 음해하려고 해." 그런 개념을 확실하게 가지면, 아무 근거도 없이 스스로가 만든 망상에 괴로움을 당하며 삽니다. 병적인 현상이 그렇겠지만, 병이 아닌 세간생활 대부분이 다 그런 식이죠. 뭔가 아름답고 편안하고 기분 좋은 걸 추구하려고 합니다. 이왕 경계에 끄달리면서 살 것 같으면, 불쾌한 것보다는 상쾌한 경계가 좋단 말이죠. 그래서 세상에 제공되는 모든 서비스가 그런 것 아니겠습니까? 불쾌한 경계보다는 좀 더 상쾌한 상태를 제공해 주려고 하는 것, 그게 모든 돈 되는 것의 기본 아닙니까. 그런데 (죽비로 책상을 치며) 이 법은 그런 것이 아닙니다. 불쾌함과 상쾌함의 어느 쪽에도 발을 딛지 않는 것입니다. 법은 상쾌하고 기분 좋은 경계? 아닙니다. 경계가 아닙니다. 어떤 경계가 와도 전연 거기에 개의치 않고 끄달리지 않고 상관하지 않는 것입니다. 그러니까 아까 꿈을 비유로 들었잖아요. 꿈속에서 좋은 일이 있으면 좋아서 날뛰고 나쁜 일이 있으면 기분 나빠 하겠지만, 꿈을 깨고 나면 거기에 좋고 나쁜 일이 어디 있습니까? 그런 것과 마찬가지입니다.

그러니까 불법은 세간에서 더 나은 정신 상태, 더 나은 기분, 더 나은 삶을 위한 것이 아니라 그냥 해탈 자재한 것입니다. 아무 데도 끄달리지 않는 것입니다. 살아가다 보면 내가 원하는 대로 될 때도 있고 안 될 때도 있지 항상 원하는 대로 됩니까? 원하는 대로 되든 안 되든 아무 상관이 없단 말입니다. 그러니까 "나라고 할 것도 없고, 내가 살고 있는 세계라고 할 것도 없다"고 하는 것입니다. 이것을 불교식으로 표현하면 "아공법공"이라 합니다. "나라고 하는 장애물에도 걸리지 않고, 세계라고 하는 장애물에도 걸리지 않는다"는 말인데, (책상을 두드리며) 이게 분명하면 아무 일도 없어요. 어떤 일이 있어도 아무 일이 없습니다. 기분 좋은 것만 추구하지 않습니다. 항상 좀 더 기분 좋고 상쾌한 것을 쫓아다니는 그게 바로 병이라고요, 집착이죠. 그런 게 아니라 어떤 일이 벌어져도 걸리는 게 없어야 돼요. 그러면 무슨 일이 있어도 아무 상관이 없습니다. 하늘이 무너져서 두 쪽으로 갈라지든 지구가 폭발하든 아무 상관이 없어요. 아등바등할 것 없습니다. 그냥 (손을 들면서) 이것 하나뿐입니다. 그냥 이 일이에요.

그래서 이것을 일러서 부처님법이라고 하는데, 이 부처님법과 세속의 가치는 좀 다른 것입니다. 그러니까 그런 얘기를 하죠. "아무리 좋은 일이라도 그런 일이 없는 것보다는 못하다"라고요. 하여튼 이게 분명하면 이런 얘기를 납득할 수가 있습니다. 다른 일이 없어요. 항상 똑같아요. 우리는 뭔가가 가치 있는 게 있어야 된다, 그걸 유지해야 된다고 집착을 하는데, 어떤 일이 벌어지든 똑같습니다. 더 나은 것도 없고 더 못

한 것도 없이 항상 똑같은 일이 있을 뿐입니다. 그래서 이걸 '불이법계'라 하는 것이고, '차별 없는 평등법계'라 얘기하고, '여여하다'라고도 얘기하죠. 언제든지 이 일 하나뿐입니다. 다른 일이 있는 게 아닙니다. 하여튼 지금 이 일이에요. 우리는 (팔을 들어 휘두르며) 이러면 내가 여기에 있고 내가 팔을 휘두른다고 여깁니다. (웃으면서) 그런 게 아니에요. '나'라는 중심이 없어져요. 시계 초침이 째깍째깍, 그냥 그것입니다. (팔을 밖으로 휘두르며) 팔을 휙 하면 이것이고, (팔을 안으로 거두며) 팔을 쭉 하면 또 이것입니다. 그러니까 눈이 한 송이 한 송이 폴폴 떨어지면 그냥 이것입니다. 그야말로 눈길 닿는 곳마다 전부 깨달음이라고 그러듯이, 전부 이 일입니다. 다른 일이 없어요. 눈 감고 아무 생각 없이 멍청하게 있다고 다른 일이 있는 게 아닙니다. 의식적으로 항상 안다는 뜻이 아닙니다. 알든 알지 못하든 차별이 없어요. 알아도 이것이고 몰라도 그냥 이것입니다. 마치 물 속에 있는 물고기가 물 속에 있다는 것을 알아도 물 속에 있고 몰라도 물 속에 있듯이, 항상 그런 겁니다. 생각을 하든지 안 하든지, 의식을 하든지 안 하든지, 그런 것과 아무 차이가 없습니다. 잠을 자든 깨어 있든 아무런 다른 일이 없는 것입니다.

아무것도 아닌데……, 그냥 (손을 들면서) 이것이거든요. 사실 이것이니 저것이니 할 것도 없습니다. 전부가 그냥 이것입니다. 뭘 하든지 간에 당장 확인되는 것은 이것 하나지 다른 게 뭐가 있습니까? 언제든지 당장 확인되는 것은 바로 이것 하나뿐입니다. 생각을 하니까 희한한 것입니다. 여기에 초점이 맞아 있으면 항상 이것인데, 초점이 엉뚱하게 분별하는 데로 가 있으면 아무리 죽었다 깨어나도 이것은 상상도 못해요. 이 공부가 그런 점에서 설명할 수도 없고 희한한 겁니다. 이게 분명하면 모든 경우에 다른 일이 없는데, 생각으로 헤아리는 쪽에 발을 딛고 서 있으면 이쪽으로는 꿈도 못 꾸는 겁니다. 그런데 그게 전부 본인이 그렇게 하는 겁니다. 이러쿵저러쿵 할 게 없어요. "없어요"가 바로 (손을 들면서) 이것입니다. 바로 이것뿐이란 말입니다. 이러니저러니 하는 게 바로 이것입니다.

그러니까 자기 자신이 법 자체예요. 자기 자신이 이 세계 자체이고, 숨을 쉬거나 보거나 쳐다보거나 해가 빛나거나 바람이 불거나 똑같은 일이에요. 그러니까 자기라는 게 따로 없습니다. 바람 부는 게 자기이고, 태양이 빛나는 게 자기이고, 숨 쉬는 게 자기이고, 차 마시는 게 자기인 것이지, 따로 자기라는 게 없단 말입니다. 무슨 일을 하든지 돌멩이를 보면 돌멩이가 자기고, 죽비를 보면 죽비가 자기고, 죽비를 치면 죽비 치는 게 자기입니다. 마음으로 얘기하자면, 돌멩이를 보면 돌멩이가 마음이고, 죽비를 치면 죽비 치는 게 마음이고, 천둥이 울리면 천둥이 울리는 게 마음이고, 번개가 치면 번개 치는 것이 마음입니다. 그러니까 (손을 들면서) 이것입니다. 이러쿵저러쿵 묘사하고 머릿속에 그릴 것은 없고, 지금 이렇게 하고 저렇게 하고 있는 이 일입니다. "이렇게 하고 저렇게 하고" 전부 이것이란 말입니다. 그러니까 이것만 딱 맞아떨어지면 그냥 무얼 하든지 안팎이 없고 내가 없고 사물이 따로 없어요. 언제든지 똑같이 이 일 하나뿐입니다. 이건 어려울 게 하나도 없습니다. 손을 까딱까딱 하고, 차를 마시고, 일을 하고, 인사를 하고, 대화를 하고, 씻고 누워 자고, 잔다고 누웠는데 눈이 말똥말똥해, 하나도 다른 일이 없잖아요. 전부 이 일입니다. 이건 어려울 게 전혀 없는데, 여기에 초점이 맞지 않은 범부중생은 어떻게 하느냐? 그걸 따로 놓고 봅니다.

"아, 내가 지금 잠이 안 오는구나", "내가 밥을 먹고 있구나" 하고 따로 놓고 봅니다. '나는 여기에 있고, 내가 이렇게 하는 것이 따로 있고', 이렇게 분열이 되어 있어요. 중생심은 분별심이 아니라 분열심입니다. 자꾸 따로 있다니까요, 따로! 이상하게 그렇게 하고 있어요. 따로 없습니다! 하나입니다! 그냥 우주 전체가 한 덩어리이고 한 놈입니다. 하나입니다, 하나. 항상! 뭘 하든지 하는 게 그대로가 다 그냥 이 일입니다. 그래서 우리 불법을 불이법이라고 그럽니다. 불이법이 아니고 이법으로 나누어진 것은 다 망상인 겁니다. 따로 있는 게 망상입니다.

그래서 이런 표현을 하기도 하죠. "한 순간에 무한한 순간이 있고, 한 순간에 온 세계 전체가 다 들어 있다." 뭘 하든 그냥 이것입니다. 다른 일이 없어요. 작고 크고의 차별이 없습니다. 아무리 작은 걸 봐도 이것이 전부이고, 아무리 큰 걸 봐도 이것이 전부입니다. 똑같습니다. 이 한 개의 일일 뿐입니다. 뭘 하든지 단지 이 일뿐이어서 언제든지 다만 이것 하나입니다. 하여튼 지금 이 일입니다. 다른 생각을 해도 이것입니다. 앞생각 뒷생각이 따로 있는 게 아니에요. 이 생각 해도 이것이고 저 생각 해도 이것이고, 따로 있는 것은 없어요. 언제든지 이것 하나인 것입니다. 전혀 어렵지 않습니다. '나'라는 게 여기 있고 세계라는 게 저기 있고, 나라는 게 여기 있고 진리라는 게 저기 있고, 이런 격차가 있는 거 같지만, 관심을 잘 기울이다 보면 어느 순간에 그런 간격이 싹 사라집니다. 뭘 하든지 항상 똑같아요. (책상을 두드리며) 차별이 사라져 버립니다. 그러면 항상 똑같은 일입니다.

여섯 번째 법문

보살은 반야바라밀다에 의지하므로,[25] 마음에 장애가 없고,[26] 마음에 장애가 없으므로 두려움이 없고,[27] 뒤집어진 꿈과 같은 망상(妄想)을 멀리 벗어나[28] 마지막 열반에 이른다.[29]

菩提薩唾 依般若波羅蜜多故 心無罣碍 無罣碍故 無有恐怖 遠離顚倒夢想 究竟涅槃.

25) 어디에도 의지하지 않는 것을 일러 반야바라밀다에 의지한다고 하고, 의지하는 자도 의지할 자리도 없는 것을 일러 반야바라밀다에 의지한다고 하고, 언제나 둘이 없는 것을 일러 반야바라밀다에 의지한다고 하고, 사람도 없고 법도 없는 것을 일러 반야바라밀다에 의지한다고 하고, 한결같아 끊어짐이 없는 것을 일러 반야바라밀다에 의지한다고 한다.
26) 마음이 있거나 없으면 장애가 있겠지만, 마음이 있지도 않고 없지도 않으니 장애가 없다.
27) 둘이 있으면 두려움이 있고, 둘이 없으면 두려움이 없다.
28) 꿈이 곧 깨어 있음이요, 망상(妄想)이 곧 실상(實相)이다.
29) 시작도 없고 끝도 없음이 곧 마지막 열반이다.

보살은 반야바라밀다에 의지하므로 마음에 장애가 없고, 마음에 장애가 없으므로 두려움이 없고, 뒤집어진 꿈과 같은 망상(妄想)을 멀리 벗어나 마지막 열반에 이른다.

菩提薩唾 依般若波羅蜜多故 心無罣碍 無罣碍故 無有恐怖 遠離顚倒夢想 究竟涅槃.

보살은 반야바라밀다에 의지하므로 마음에 장애가 없고…

벌써 "보살" 이러면, 여기에는 보살이라고 말하는 사람도 따로 없고, 보살이라는 말도 따로 없고, 보살이라는 사물도 따로 없고, 그냥 "보-살-" 이 한 마디로 더 이상 할 말이 없는 것입니다. "보-살-" 이걸로 여기에 더 이상 다른 군말이 붙지 말아야 됩니다. 그러면 '의지한다, 의지하지 않는다' 이런 말도 다 허망한 말입니다. 어딘가에 의지할 데가 따로 있으면, 그건 반야바라밀다가 아닙니다. 반야바라밀다라고 하는 그런 의지 대상이 있다는 말이 아닙니다. 그렇기 때문에 말만 따라가서는 안 됩니다. 말만 따라가면 보살이라는 사람은 '반야바라밀다'라고 하는 뭔가에 의지하고 있다, 이런 말로 들리는데, 이건 전혀 그런 게 아니란 말입니다. "보—살—" 이 한 마디가 분명하면, 의지하는 사람도 없고 의지하는 대상도 없어요. "보—살—" 이 한 마디로 충족한 것입니다. "보—살—" 이 한 마디로 이런저런 물건이 따로 없단 말이죠. 완전한 것도 아니고 불완전한 것도 아니고, "보—살—" 이 한 마디로 더 요구될 것도 없고, 더 찾을 것도 없고, 이러니저러니 분별할 게 전혀 없습니다.

"보—살—", 어쨌든 이게 분명해야 됩니다. 이게 분명하면 보살이라 하든 시계라 하든 마이크라 하든 하늘이라 하든 땅이라 하든 아무런 다른 게 없고, 충족한 것입니다. 충족하다는 것도 억지로 하는 얘기인데, 부족한 것도 없고 남는 것도 없단 말입니다. 부족하다, 남는다 하는 그런 차별이 없어요. "보—살—" 이러면 "보—살—" 이거죠. "보—살—"이 분명하면 모든 것들이, 사물 사물에, 한 마디 한 마디 말에, 한 순간 한 순간이 다 충족이 되어서, 전부가 딱딱 들어맞아서 맞다 틀리다 하는 그런 차별이 없습니다. 전부가 (손을 들면서) 이 하나 일입니다. 그러니까 "보—살—"이 한 마디만 분명하면, 반야바라밀다가 따로 있는 게 아니에요. 반야바라밀다도 마찬가지입니다. "반야바라밀다에 의지한다"고 그랬는데, 뭔가에 의지하는 사람이 있고 의지할 대상이 있다는 말이 절대 아닙니다. 아무 데도 의지할 데도 없고 의지할 사람도 없고, 그냥 하나하나 그대로가 완전하고, 완전히 독립적이고, 말하자면 하나하나 그대로가 전부인 것입니다. 《화엄경》 식으로 얘기하면, 티끌티끌이 다 우주란 말입니다. 《화엄경》에서 "티끌 하나가 전부 우주다", 이렇게 얘기하죠. 티끌 티

끝이 우주라 그러듯이 하나하나 그대로가 똑같고 완전해서 조금도 이러니저러니 할 게 없단 말이죠. 그러니까 보살이라고 하든 돌멩이라 하든 죽비라 하든, 말을 하지 않고 입을 다물고 있든지 간에 그냥 (손을 들면서) 이 일이거든요. 이것이 충족하다? 그것도 말이 좀 이상한데, 하여튼 남는 것도 없고 부족한 것도 없고 이게 전부입니다. "전부 다" 이 말도 좋은 말은 아닙니다. 뜻이 있는 말은 좋은 말이 아닙니다.

"보살이 뭡니까?"
"(손을 들면서) 이것입니다."
"보살이 뭡니까?"
"시계입니다."

이 공부에 있어서는 이렇게 하는 것이 차라리 좋은 말이지, 앞뒤가 들어맞는 뜻이 있어서 우리가 그 뜻을 따라다니게끔 만드는 말은 그렇게 좋은 것이 아니에요.

"보살이 뭡니까?"
"보살은 (책상을 두드리며) 이것입니다."
"보살이 뭡니까?"
"시계입니다."
"보살이 뭡니까?"
"안녕하십니까."
"보살이 뭡니까?"

여섯 번째 법문

"오늘은 춥습니다."

이 일입니다. "이 일입니다" 하는 그것조차도….

"이것이 뭡니까?"
"이것이 바로 보살이죠."
"이게 뭡니까?"
"이게 뭡니까 하는 게 다입니다."

그러니까 (한 손가락을 세우며) 이것 하나입니다.

"보살은 반야바라밀다에 의지한다." 보살이 바로 반야바라밀다이고, 보살이 바로 의지하고, 보살이 바로 마음이고, 보살이 바로 장애이고, 보살이 바로 두려움이고, 이름이 다를 뿐이지 똑같은 일이거든요. 이것 하나가 있을 뿐입니다. 어쨌든 이 일인데, 이것만 분명하면 일거수일투족 하나하나가, 한 순간 한 순간이 전부 똑같은 일이죠. 그냥 이 일이란 말이죠. 그러니까 뭘 하든지 간에 차별이 없어요. 항상 이 하나의 일이 있을 뿐입니다. 이것이 분명하면 보살, 반야바라밀다, 의지한다, 이런 말들은 방편 중에서 하등급 방편이라고 얘기할 수 있습니다. 물론 하등급 방편이라도 이 말을 소화시키려면 어쨌든 이게 한 번 분명해져서 보살도 따로 없고, 반야바라밀다도 따로 없고, 의지함도 따로 없고, 의지하는 사람도 따로 없고, 의지할 대상도 없고, 어떤 차별도 없이 한결같이 똑같이 이것 하나뿐이어야 합니다. (손을 들면서) 이것이 분명하면 이 말이 무슨 말인지 알 수가 있습니다. "이걸 가지고 반야바라밀다에 의지한다고 했구나!" 그러면서 이 표현이 얼마나 많은 오해를 낳을 수 있는지도 압니다. 공부하는 사람은 의지하는 데가 있으면 안 맞습니다. 의지하는 사람도 없어야 되고, 의지할 대상도 없어야 됩니다.

그래서 뭐든지 티끌 티끌이 그대로 우주라고 그러듯이, 뭘 하든지 그냥 그대로가 전부입니다. 그냥 (한 손가락을 세우며) 이게 다란 말입니다. 이게 전부고 이게 전체입니다. 그러면 이런저런 일이 없습니다. 이게 분명하면 하여튼 이 일뿐입니다. 분명하다고 하는 게 이거고, 안 분명하다고 하는 게 이것이니까, 그런저런 말이 일절 필요 없습니다.

"보살이 뭐냐?"
"뜰 앞의 잣나무."
"보살이 뭐냐?"
"방하착."
"보살이 뭐냐?"
"수미산."
"보살이 뭐냐?"
"마른 똥 막대기."

이렇게 얘기할 수도 있습니다. 언제든지 이 일 하나가 있을 뿐입니다. 하여튼 뭘 하든지 간에 이게 문득, 이게 한 번 와 닿아야 됩니다. "와 닿는다" 하는 게 바로 이 일이니까 와 닿는다는 말조차도 안 맞는 말입니다. 와 닿기 전에는 와 닿아야 된다 하지만, 이게 와 닿으면 전부가 이 일이니까 와 닿고 안 와 닿고 이런 말 자체가 쓸데없는 말입니다. "와 닿는다" 하는 게 이거고, "와 닿지 않는다" 하는 게 이거니까 아무런 차별이 없습니다. 그러니까 이 일 하나입니다. 그러니까 《반야심경》에 무슨 심오한 이치가 들어 있는 게 아니고, 이 사실이 딱 분명해지면 그냥 이 얘기입니다. 특별한 게 아무것도 없어요. 심오한 이치 같은 것도 없고요. 표현을 이런 식으로 하고 있는 것입니다.

반야바라밀다에 의지하므로 마음에 장애가 없고…

장애가 뭡니까? "이런 게 있구나" 하는 게 바로 장애입니다. "이것이 진짜다"라는 판단이 서면, 그런 분별이 나오면, 그게 바로 장애가 되어 버립니다. 이런 게 있다거나 이런 게 진실하다거나 그런 어떤 분별이 나오면 그게 바로 장애입니다. 그렇기 때문에 "장애가 없다"는 말은 "온 세상에 티끌 하나조차도 없다" 이렇게 표현할 수도 있고, "물로 씻은 듯이 깨끗하다" 이렇게 표현하기도 합니다. 그래서 '청정불국토'라고 하는 것인데, 차별 없이 모든 일이 똑같이 이 하나의 일입니다. 이 일 외에 다른 일이 없단 말이에요. 다른 일이 있으면 그게 장애가 됩니다. 장애라는 건 그런 거죠. 음악회에 가서 음악을 듣는데 옆에서 잡음이 들리면 그게 방해가 되잖아요. 차별이 되는 뭔가가 생기면 장애가 됩니다. 어떤 생각에 골몰해 있는데, 누가 옆에서 딴 소리 하면 장애가 되거든요. 그러니까 차별되는 게 생기면 장애가 됩니다. 장애라는 것은 분별이 생겼다, 차별이 생겼다는 말입니다. 분별이 생기고 차별이 생기면 그게 바로 장애인 것입니다. 장애를 일으키는 사물이 따로 있는 것이 아닙니다.

"마음에 장애가 없다." 이 말은 일체가 평등해서 차별이 없다, 모든 것이 한결같이 똑같아서 다른 일이 없다는 말과 같은 것입니다. 이것을 또 다르게 얘기하면 항상 귀결점이 분명하다, 낙처가 분명하다, 이렇게도 얘기할 수도 있습니다. 항상 귀결점이 분명해서 낙처가 분명해서 헤매는 일이 없다는 겁니다. 우리가 과일 가게에 가서 과일을 살 때 이게 좋나 저게 좋나 하고 물건을 들어 보잖아요. 뭔가 정해지지 않으니까 우리 마음도 헤매게 됩니다. 그러니 그게 장애죠. 귀결점이 분명하면 어느 것을 들고 봐도 전부 똑같아요. 전부 이 물건 하나입니다. 그러니까 이리저리 걸릴 데가 없는 거고요. 하여튼 이 일입니다. 이런 말을 해도 이것이고, 저런 말을 해도 이것이고, 모든 사람 각자가 지금 스스로 하는 일이 딱 이 일 하나뿐이거든요. 그러니까 온 천지에 이 일 하나가 있을 뿐입니다. 어떤 경우에도 이 일입니다. 그러니까 온 천하에 부처님의 손길이 닿지 않는 데가 없고, 눈길이 닿지 않는 데가 없고, 그 목소리가 도달하지 않는 곳이 없다고 얘기하는 것입니다. (손을 들면서) 이 일 하나입니다.

"마음에 장애가 없다." 마음이 따로 있는 것이 아니고, 이름이 마음인 거죠. "마—음—" 바로 이거죠. 이름이 마음이라고 하는 것이지 마음이라고 하는 것이 따로 있다면, 그건 100% 망상입니다. "아, 이게 내 마음이다" 그러면 그것은 꿈속에서 어떤 사물을 붙들고 진실하다고 여기는 것과 똑같습니다. 그래서 "이것이 내 마음이다" 하는데, 마음도 없고 나도 없고 그냥 "이것이 내 마음이다" 이게 전부 다란 말입니다. 내가 있고 내 마음이 있으면 100% 꿈속에서 깨어나지 못한 것입니다. '전도몽상(顚倒夢想)'이라 그러죠? '몽상'이라는 것은 꿈꾼다는 것이고, '전도'라는 것은 뒤집어져 있다, 망상이라는 말이죠. 허상을 진실이라고 여기는 망상이란 말입니다. 그러니까 이 일 하나가 있을 뿐입니다.

"마음이 뭡니까?"
"시계요."
"마음이 뭡니까?"
"마이크요."
"마음이 뭡니까?"
"돌멩이요."
"마음이 뭡니까?"
"죽비요."
"마음이 뭡니까?"
"오늘 날씨가 자꾸 추워집니다."
"마음이 뭡니까?"
"내일이 연말입니다."
"마음이 뭡니까?"
"차 한 잔 하십시오."
"마음이 뭡니까?"
"자, 안녕하세요. 합장합시다."
"마음이 뭡니까?"
"절 한 번 합시다."

이 일인데 우리는 이것을 자꾸 "어, 이거구나" 하고 정해 놓으려고 하고 한정시키려고 테두리를 그려 내려고 합니다. 그게 안 맞는 겁니다. 그게 아니란 말입니다. 마음이라는 것은 온 우주 전체와 하나가 되어서 온 우주에 고루고루 다 퍼져 있어요. 온 우주 전체와 마음은 하나가 딱 되어 있어요. 그러니까 삼계유심(三界唯心)이요, 우주 전체는 하나의 마음이다, 이렇게 표현을 한 것입니다. 그러니까 "이게 마음이다" 하는 것이 따로 있으면 그건 망상입니다. 그러니까 (책상을 두드리며) 이 일 하나일 뿐입니다. 어려울 게 없어요. 앉고 일어나고 걸어 다니고 뭘 하든지 하고 있는 전부가 완전히 이 일이거든요. 다른 일이 없단 말입니다.

"뭡니까?"
"이겁니다."

생각으로 헤아리지 않고 "이겁니다" 하는 순간에 분명해지면 그냥 이 것밖에 없어요. (책상을 두드리며) 이 일 하나밖에 없습니다. 생각으로 헤아리는 것은 이것과는 관계가 없어요. 마음이라고 하는 이름은 이것을 가리키는 이름입니다. 이것은 원래 이름이 없고 정해진 모양이 없고 정해진 위치가 없고 정해진 물건이 없는데, 이것을 가리키기 위해서 '마음'이라고 이름을 갖다 붙였습니다. 마음이다, 반야다, 불성이다, 깨달음이다, 도다, 본래면목이다… 온갖 이름을 여기에다가 붙였습니다. 그런데 이것은 어떤 이름을 얘기하든지 사실 그 이름과 아무런 상관이 없어요. 우리가 "해운대 앞바다에 파도가 치는데 어쩌고저쩌고" 하든가 "마음이라는 게 이런 거다" 하든가 아무런 차이가 없는 거거든요. 전부가 똑같이 이 일 하나를 하고 있으면서, 이것뿐인데, 단지 이것뿐이거든. 지금 이것뿐이라는 게 딱 분명해지면 해운대 앞바다가 따로 없고 파도가 따로 없고 바람이 따로 없어요. 온 우주가 하나가 되어 버립니다. 그러니까 뭘 하든지 차별 없이 똑같은 일이 되어 버리는 겁니다.

"마음에 장애가 없고." 마음도 이것이고 장애도 이것입니다. 우리는 '장애'라고 하면 앞을 가로막는 장애물이라고 생각하는데, 그렇게 생각하지 마십시오. 뜻을 따라가면 이것과는 관계가 없습니다. "장-애-"가 바로 이것입니다. "마-음-", "장-애-", 하나도 다를 것이 없습니다. 법은 오직 이것뿐인데, 말의 뜻을 따라서 마음과 장애를 자꾸 헤아리니까 안 맞는 것입니다. (책상을 두드리며) 이것뿐입니다. 이 일 하나입니다. 오직 이 일 하나입니다. 뭘 하든지 하나입니다. 이것만 확인되면, 하여튼 우리가 헤맬 일이 따로 없습니다.

자꾸 이것만 확인하면 만사가 다 해결된다 하니까 제가 꼭 약장수인 것 같은데, 제가 정말 약장수인지, 저 사람이 진짜배기 약을 파는지 가짜 약을 파는지 자기가 직접 한 번 해봐야 돼요. 그래야 확인할 수 있어요. 돼지기름을 갖다 놓고 만병특효약이라고 그러는지, 진짜배기 특효약인지는 자기가 직접 한 번 확인해 봐야 됩니다. 지금 (책상을 두드리면서) 이 일 하나입니다. 이 일을 확인해 보면, 가짜라면 추상적인 게 되어서 아무 쓸모가 없어요. 그런데 이게 진짜라면 만병이 통치되어서 온갖 문제가 한꺼번에 사라져 버립니다. 더 이상 문제가 안 돼요. 당장에 이것뿐이고, 당장 이게 분명할 뿐입니다. 어려울 것도 없고 힘들 것도 없습니다. 아주 명백한 것이고 뚜렷하고 분명한 것입니다. 이게 한 번 확실해져 버리면 다른 일이 없어요. 이게 분명해지는 순간에 생각은 하얗게 되어서 이것을 표현할 수가 없게 돼요. 이게 뭐라고 표현을 못 하겠어요. 입만 열면 안 맞는 소리가 튀어나온다고요. 그건 자기 스스로가 압니다. 나는 이 얘기를 하려고 했는데 얘기를 하다 보니까 엉뚱한 얘기를 하고 있고 그렇습니다. 이건 말로써 표현될 수 있는 것이 아닙니다. 그러니까 '불가사의 해탈'이라고 그러죠. (책상을 두드리며) 이것뿐입니다. 아주 분명하고 확실하고, 그냥 이것뿐입니다. 뭘 하든지 간에 전부 이 일뿐입니다. 그러니까 내 것, 내 공부, 내 법, 이런 게 있을 수가 없습니다. 나와 남이 따로 없고 걸림이 없어야 됩니다. 내 법, 내 깨달음, 이런 게 있으면 경계 속에 있는 것이지 진정한 법이 아닙니다.

"보살은 반야바라밀다에 의지한다." '반야바라밀다에 의지한다'는 것은 어디에도 의지하지 않는다는 말입니다. '반야바라밀다에 의지한다'는 것은 의지할 보살도 없고 의지할 반야바라밀다도 없다는 말입니다. 비유를 들자면 이렇습니다. 아직 법이 분명하지 않을 때는 지구상에 있는 것과 같습니다. 지구는 중력이 작용하고 있으므로 우리는 발밑에 항상 받침대가 있어야 합니다. 그래야 아래로 안 떨어지고 거기에 의지해 바로 서 있을 수 있습니다. 우리는 항상 땅에 의지하며 살잖아요. 그러나 이게 딱 분명해지는 순간에 지구가 갑자기 사라져 버리는 것 같습니다. 무중력 상태에 있는 것처럼 됩니다. 아무 데도 의지할 필요가 없어요. 의지할 지구도 없고 의지할 사람도 없고 전부가 똑같이 그저 이 법 하나입니다. 그래서 중생은 정신적인 중력 속에 있어서 반드시 의지를 해야 되지만, 우리가 부처가 되면 정신적인 무중력 상태에 있게 됩니다. 제 나름대로 이렇게 한 번 표현을 해본 것입니다. 그러니까 잘났거나 못난 것도 없고, 맞고 틀리고도 없어요. 모든 일이 다 수용이 돼요. 모든 일이 똑같이 평등하게 차별 없이 되어 버려요. 모든 일이 다 수용이 되니까 맞고 틀리고 옳고 그르고 잘났고 못났고 이런 게 없어요. 전부가 똑같은 일이에요. 지금 뭘 하든지 하는 것이 이것입니다.

하여튼 여기에 관심을 가지고 "이것", "이것" 하다가 이게 탁 하고 한 번 분명해지면, 뭘 하든지 하는 일이 차별 없이 한결같이 딱 (한 손가락을 세우며) 이 일 하나라는 말입니다. 그러니까 숨 쉬는 게 이것이고, 눈을 깜빡이는 게 이것이고, 생각하는 게 이것이고, 느끼는 게 이것이고, 쳐다보는 게 이것이고, 차별이 없어요. 전부가 똑같이 이 일입니다. 그러니까 '나'라고 할 것도 없고 내 마음이라고 할 것도 없고, 그런 차별이 사라져 버립니다. 이런저런 얘기가 필요가 없어요. 이것입니다, 이것! 바로 이것이란 말이죠. 이렇다 저렇다 생각할 것도 없고, 지금 이것입니다. 그러면 이것입니다.

"뭡니까?"
"(손을 들면서) 이것입니다."
"뭡니까?"
"(돌멩이를 들어 올리며) 돌멩이요."
"뭡니까?"
"시계요."

비유를 하자면, 줄타기와 같은 것입니다. 줄타기 안 해보셨겠지만 상상할 수는 있잖아요. 줄타기 할 때 제일 어려운 것이 뭘까요? 처음에 떨어지지 않고 균형을 잡고 줄 위에 올라서는 것입니다. 그게 제일 어려운 고비죠. 일단 균형 잡고 떨어지지 않고 줄 위에 올라서게 되면, 그 다음에 하는 건 어려운 게 아닐 겁니다. 제일 어려운 것은 안 떨어지고 줄 위에 서 있을 수 있는 것, 그게 제일 어려운 거 아닙니까? 우리 이 공부도 마찬가지입니다. 첫 고비, 이게 제일 어렵다고 할 수 있죠. 줄 위에 올라설 때 우리가 생각만 가지고 과연 올라설 수 있겠습니까? 그냥 내가 떨어지지 않아야 되겠다는 일념으로 올라갔다가 떨어졌다가 올라갔다가 떨어졌다가 계속 하다 보면, 어느 순간에 자기도 모르게 전혀 예기치 않게 안 떨어지고 딱 서게 된단 말이죠. 이 공부가 그런 식입니다. "에고, 또 안 되겠지" 하고 있는데, 어느 순간에 이게 확 하고 옵니다. 그러니까 지속적으로 관심을 가지고 귀를 기울이세요. 줄 위에 올라서려는 사람처럼 잡생각 없이 오직 이것에만 관심을 가지십시오. 옆에서 봤을 때 어찌 보면 정신이 나갔다 싶을 정도로 여기에 몰입해야 합니다. 여기에 자꾸 마음을 두고 있어야 됩니다. 그러면 자기도 모르는 사이에 (손을 들면서) 이게 맞아떨어지는 겁니다. 그 조화는 이해할 수가 없는 것입니다. 그래서 한 번만 딱 맞아떨어지면, 마치 줄 위에 탁 올라선 사람처럼 됩니다. 물론 다시 안 떨어진다는 말은 아닙니다. 그러나 떨어지더라도 이젠 걱정거리가 없어요. 이제는 올라설 줄 아니까요. 이 공부가 그렇게 되는 겁니다. 그렇게 해서 자꾸 줄을 타다 보면 나중에는 떨어지고 싶어도 안 떨어져요. 자동으로 줄에 붙어 있는 것처럼 된다니까요. (책상을 두드리며) 이 일이거든요. 다른 일이 아닙니다. 이건 어려운 게 없습니다.

마음에 장애가 없으므로 두려움이 없다.

두려움이라는 건 결국 어디에 원인이 있느냐? 스스로가 둘이 없이 하나가 딱 분명하고 차별이 사라지면, 상대가 없기 때문에 두려울 게 없습니다. 온 천지가 자기 자신인데요. 두려움이라는 게 저절로 없어집니다. 그런데 상대가 생겨서 저쪽과 나, 이렇게 되면 반드시 거기엔 두려움과 갈등이 딱 생깁니다. 그래서 상대가 사라져야 됩니다. 그래야 두려움이 없어지니까요. 그러니까 이 공부는 '불이(不二)', 둘이 아니어야 돼요. 상대가 사라지고 나와 남, 이쪽과 저쪽이 없어야 합니다. 그냥 이것 하나입니다. 천하가 단지 이 일 하나입니다. 그래서 상대가 없으니까 두려워하려 해도 두려움이라는 건 저절로 있을 수가 없는 것입니다.

"장애가 없으면 두려움이 없다." 상대가 있고 차별이 생기면 장애가 되죠. 내가 있고 상대가 있으니까 당연히 그건 장애가 되죠. 상대가 있다는 건 차별이 있다는 거잖아요. 내가 있고 상대가 있으면, 딱 장애가 되죠. 차별이 생기고요. '나'라는 건 따로 없고 상대라는 것도 따로 없습니다. 단지 이 하나입니다. 상대방이 없고 내가 없단 말입니다. 법이 없고 법 아닌 게 없고, 안팎이 없단 말이에요. 딱 (손을 들면서) 이 일 하나입니다. 그러니까 이게 딱 분명해지면 저절로 웃음이 피식 나온다니까요. 이게 분명해지니까 아무런 장애가 없어요. 장벽이 없습니다. 베를린 장벽, 38선, 그런 갈라진 장벽이 없어요. (책상을 두드리며) 이것입니다. 그야말로 원융무애(圓融無碍)라, 온 우주가 딱 하나가 되어 버립니다. 언제든지 전부가 이 일 하나입니다. 한결같이 이 일 하나니까 나라고 할 것이 없고, 타인이라고 할 것이 없어요. 내가 없으니까 번뇌가 있을 수 없습니다. 번뇌의 원인은 '나'라고 하는 아상(我想)에 있습니다. 내가 있으면 반드시 번뇌가 생겨요. 내 인생이 이러면 되겠느냐? 나는 어떤 사람인가? 남한테 어떻게 보일까? 잘난 놈인가 못난 놈인가? … '나'

라는 게 있으면 이런 온갖 문제가, 온갖 쓸데없는 망상이 다 생깁니다. 그러나 이게 분명해지면 '나'라는 게 없어요. '무아(無我)'라고 하지만, 이게 통하기 전에는 그게 무슨 소린지 전혀 모릅니다. "불교를 배우니까 삼법인이라는 게 있는데, 그건 일체개고(一切皆苦), 제법무아(諸法無我), 제행무상(諸行無常)이다", 이렇게 이름과 말은 배웠지만 이게 무슨 말인지 전혀 모릅니다. 알 수가 없습니다. 그런데 이것이 탁 통하면, "아하! 나라는 게 진짜로 없는 거구나!" "내 몸뚱이를 가리켜서 이게 내 몸이고 내 생각이고 우리 집이라고 말은 그렇게 하지만, 나라는 게 없구나!" 하는 걸 알 수가 있어요. 전부가 똑같은 일입니다. 전부가 이 하나의 일일 뿐입니다.

부처님이 '제법무아'라고 했는데, 어떤 곳에도 '나'라고 할 게 없구나 하는 그 말씀이 그게 참 맞는 말씀이라는 것을 그때야 알 수가 있는 것이죠. 그 전엔 상상도 못하던 것입니다. 철학적으로 해석을 해서 '나'라고 하는 것은 독립자존의 실체인데, 그런 게 없다는 둥 그렇게 말해 봐야 아무 소용이 없어요. 쓸데없는 소리란 말입니다. (책상을 두드리며) 이게 분명해지면 '내가 없다(無我)'는 이 말을 "온 천하 티끌 하나 삼라만상이 전부 나 자신이다" 이렇게 뒤집어 표현할 수도 있습니다. 그래서 따로 '이게 나다' 할 필요가 없어요. "온 우주가 곧 나 자신이다"는 말과 "삼라만상 어디에도 나라고 할 것이 없다"는 말은 같은 말입니다. 이 일이 분명해지는 것이지 다른 거 없어요. 이 일입니다.

마음에 장애가 없고, 마음에 장애가 없으므로 두려움이 없다…

두려움이라는 것은 결국 차별입니다. 차별이 두려움을 낳습니다. 분별이 생기면 두려움이 생기기 때문에 우리가 자기 위주가 돼요. 이 세속이라는 게 그렇지 않습니까? 세속은 모든 것을 차별시켜 놓고 있으니까 모든 사람이 자기 위주가 되어 있죠. 이기적이잖아요. 전부 자기 위주죠, 100%! 자기 위주가 아니라는 말은 거짓말입니다. 분별은 두려움을 낳기 때문에 자기라는 존재를 지키는 데에 모든 정력을 다 쏟습니다. 자기라는 게 생기면 그런 문제가 있단 말입니다. 나를 지키기 위해서 목숨까지 내놓기도 하잖아요. 단순히 육체를 지키고자 하는 건 아니에요. 그런 게 아상입니다. 육체는 아주 나약한 겁니다. 그래서 세속 사람들이 자존심이 팍 상하고 아상이 상하면 육체조차도 무너져 버려요. 육체가 무너지는 것은 일도 아닙니다, 순간입니다. 그러니까 아상이라는 것은 그렇게 무서운 거예요. 그게 전부 차별 때문에 생깁니다. 이게 분명하면 '나'라고 할 게 없고 남이라고 할 것도 없으니까 무너지고 싶어도 무너질 것이 없습니다. 요즘 '루저(loser)'라는 말을 하잖아요. 패배자라는 말이죠. 그런데 이건 패배하고 싶어도 패배할 거리가 없습니다. 뭐라도 있어야 패배를 하죠. 잃어버린다, 잃어버린 사람… 잃어버리고 싶어도 뭘 가지고 있어야 잃어버리는 게 있지, '나'라는 게 있으면 잃어버릴 게 있잖아요, 그런데 내가 없는데 뭘 잃어버려요! 잃어버리고 싶어도 잃어버릴 게 없어요.

《조주 어록》에 보면 재미있는 얘기가 있습니다. 조주의 시자가 문원이라는 사람입니다. 조주와 문원이 어느 날 몹시 심심했던지 누가 빵을 보시했는데 둘이서 내기를 했습니다. 최대한 낮아지는 사람이 이 빵을 먹기로 하자고요. 예를 들어 조주가 "나는 쥐새끼다" 하니까 문원이 있다가 "나는 쥐새끼가 눈 똥이다" 했습니다. 또 조주가 "나는 쥐새끼가 눈 똥 속에 사는 벌레다"… 뭐 이런 식으로 해서 더 미물 쪽으로 가는 말 장난을 하는 장면이 나옵니다. 조주 스님하면 큰스님 중에서도 큰스님 아닙니까? 그런데 자기 시자와 그런 장난을 쳐요. 그걸 왜 거기에다 적어 놓았느냐? '나'라고 할 게 따로 없단 말입니다. 똥 속에 사는 벌레나 '나'나, 하나도 다를 게 없다는 것입니다. 그렇게 못났다는 뜻이 아니라 '나'라고 할 만한 그런 물건이 따로 없단 말이에요. 만법은 단지 이 하나의 법입니다.

이게 분명하면 전부가 이것뿐입니다. "내가 이걸 깨달은 사람이오" 하는 생각이 안 듭니다, 정상적으로 이 공부를 했다면요. 그런 생각이 드는 게 아니고, "어, 나라고 할 것이 없네." 그렇게 되어서 상처 입을 일이 없어져 버리는 거죠. 그런데 나는 공부한 사람이오, 나는 도를 아는 사람이오, 이런 상(相)이 있으면 그건 도를 아는 게 아니죠. 그런 사람한테 "당신은 도를 모릅니다"라는 한 마디만 해버리면 길길이 날뛰며 죽이려고 합니다. 그런 사람이 도는 무슨… 개똥이 도입니까? 전부 다 아상에 꽉 물이 들어 있는데요. 이 법 하나가 있을 뿐입니다. 이런저런 법이 있는 게 아니에요. 전부가 똑같이 이것 하나입니다. 이것뿐이지 다른 일이 없어요. 이게 분명하면 온 천지는 법성의 바다예요. 법뿐입니다. 법 하나가 있을 뿐이지 이런저런 게 있는 게 아니란 말입니다.

뒤집어진 꿈과 같은 망상을 멀리 벗어난다.

왜 꿈을 '뒤집어진 꿈'이라고 하느냐? 꿈을 꿈으로 알면 뒤집어질 것도 없죠. 그런데 꿈이 꿈인 줄 모르면 뒤집어지는 것입니다. 꿈속에서 자기가 좋아하는 일이 벌어지면 좋아하고, 싫어하는 일이 벌어지면 슬퍼하죠. 그런데 그게 꿈인 줄 알면 좋아하는 일이 있다고 해도 좋아할 것도 없고, 싫어하는 일이 벌어진다 해도 싫어할 것도 없습니다. 똑같아요. 아무것도 걸릴 것이 없습니다. 그런데 꿈인 줄 모르니까 헤매게 되는 거죠. 그러니까 뒤집어졌다고 얘기하는 겁니다. 법이 분명하지 못하면, 세간살이라는 건 꿈과 같단 말이에요. 꿈과 같이 한 순간에 하늘나라에 갔다가 한 순간에 지옥으로 떨어졌다가 합니다. 한 순간도 안정이 없고 불안정 속에 있습니다. 꿈을 꿈인 줄 모르고 집착하기 때문에 그런 것입니다. 모든 법이 똑같습니다. 전부 이 일입니다. 꿈속에 부처가 어디 있고, 중생이 어디 있고, 깨달음이 어디 있고, 어리석음이 어디 있어요? 똑같은 것입니다. 그런데 "아이고, 누구는 깨달았고 못 깨달았고…" 그러시는데, 그게 꿈속에서 헤어 나오지 못한 것입니다. 모든 것은 차별 없이 평등한 것입니다. 똑같이 이 하나의 일일 뿐인데, 우리가 꿈을 꿈인 줄 모르니까 "뒤집어진 꿈과 같은 망상"이라고 하는 것입니다.

그래서 자랑스러울 것도 없고 부끄러울 것도 없어요. 죽으나 사나 법 하나를 확실하게 하는 것 외에는, 구경열반에 도달하는 길은 이것 외에는 다른 길이 없어요. 법 하나를 확실하게 해버리면 꿈속에서 활짝 깨어 있을 수가 있습니다. 그래서 무슨 일이 있든지 아무 일이 없습니다. 아무렇지도 않아요. 항상 똑같습니다. 그러니까 살아 있는 것도 아니고 죽은 것도 아니고, 좋은 것도 아니고 나쁜 것도 아니고, 한결같이 똑같습니다. 늘 이것뿐입니다. 그러니까 오로지 공부하는 사람은 이 법이 확실해져야 됩니다. "근본을 바르게 하면 말단은 걱정할 필요가 없다."

이 공부는 반드시 그렇게 해야 됩니다. 오로지 근본을 바르게 하도록 하면 됩니다. 그러면 그 말단은 걱정할 필요가 전혀 없습니다. 나무막대기가 여러 개 있는데 들쭉날쭉하면, 그걸 맞출 때 앞부분만 가지런히 맞춰 놓으면 뒷부분은 저절로 맞춰지는 겁니다. 또 다른 말로 비유하자면, 바다나 강에 그물을 던지고 난 뒤에 그물을 잡아당길 때 줄 하나만 잡아당기잖아요. 그러면 수만 개의 코가 얽혀 있는 그물 전체가 싹 딸려 옵니다. 그물코 하나하나를 붙들고 잡아당길 필요가 없는 거죠. 그런 것처럼 오직 법 하나를 분명하게 하면, 근본을 확실하게 하면 그 나머지는 손을 댈 필요가 없이 저절로 알아서 정리가 되어 버려요. 그러니까 이것저것 손댈 일이 전혀 없습니다. 그런 점에서 이 공부, 어려운 게 아닙니다. 이것저것 여러 가지 신경 쓸 일이 없어요. 이 일 하나가 있을 뿐입니다. "뒤집어진 꿈과 같은 망상"을 멀리 벗어나는 데는 이 하나를 분명하게 하면 된단 말입니다. 이 하나가 뭐냐? 시계가 이 하나요, 마이크가 이 하나요, 죽비가 이 하나요, (책상을 두드리며) 이게 이 하나입니다. (손을 들면서) 이것 하나가 분명해지면 다 분명한 거죠. 그러니까 아주 단순하게 이 하나만 확실히 하십시오. 그러면 그 나머지 모든 것은 저절로 조복이 됩니다.

우리가 그런 얘기 하잖아요, 도둑 소굴로 들어가서 두목만 때려잡으면, 그 나머지 졸개들은 자동으로 따라온다고. 그러니까 이 공부는 수준 높은 공부가 따로 있고 수준 낮은 공부가 따로 있지 않습니다. 더 심오한 공부가 있고, 천박한 공부가 있고, 그런 것이 아닙니다. 공부는 딱 (손을 들면서) 이것 하나뿐입니다. 법이, 마음이 복잡한 구조를 가지고 있으면, 기초부터 시작해서 초급→중급→고급, 이렇게 밟아 가겠지만,

법은 하나라, 항상 하나입니다. 둘도 없는 하나라니까요. 차별이 될 수 없는 하나입니다. 그래서 처음 배운 사람이나 아주 오랫동안 배운 사람이나 똑같아요. 이것 하나가 분명하지 못하면 흔들리기는 다 마찬가지입니다. 이것 하나가 분명하면 흔들림이 없는 거고요. 무슨 차별되는 세계가 따로 있고 차별되는 법이 따로 있는 게 아닙니다. 마치 차별되는 법이 따로 있는 것처럼 얘기하는 것은 아직 법이 뭔지 잘 모르고 있는 것입니다. 그냥 경계를 보고서 차별하고 있는 것입니다. 착각입니다. 불이법(不二法)이라고 했잖아요. 두 개도 없는데 무슨 세 개 네 개를 얘기합니까? 있을 수가 없어요. 그냥 이것 하나입니다. 딱 이것 하나입니다. 심오한 공부가 따로 있고 깊이 있는 공부가 따로 있지 않습니다, 전혀 그렇지 않습니다. 여법하냐, 여법하지 못하냐? 말하자면, 순일하게 법이 여법하냐, 아니면 망상이 개입되어 있느냐? 그런 차이가 있을 뿐입니다. 더 심오한 법이 있고 더 낮은 법이 있는 것이 아니란 말입니다. 분별하고 망상하는 습관이 아직 완전히 안 떨어져서 그것이 조금 남아 있느냐, 아니면 깔끔하게 떨어지고 법이 분명하느냐? 그 차이일 뿐이에요. 그건 전적으로 자기 문제인 것이지, 심오한 법계가 있고 저급한 법계가 있어서 그런 게 전혀 아닙니다.

그런데 공부를 한다면서 그렇게 얘기한다면, 그것은 전적으로 망상이고 아직 법이 뭔지 잘 모르는 것입니다. 눈앞에 나타나는 망상을 헤아려서 그걸 법계라고 착각하고 있는 거예요. 그러니까 마조 스님이 그렇게 얘기했잖아요. "도는 닦을 게 없다." 닦는다는 게 있으면 초급·중급·고급이 있겠죠. 단지 오염만 안 되면 되는데, 우리가 자꾸 망상분별에 오염이 되니까 그게 문제란 말입니다. 오염만 확실하게 안 되면,

닦고 말고 할 아무것도 없습니다. 그냥 전부가 똑같이 이 하나일 뿐입니다. 그런데 오염이 되어서 이러쿵저러쿵 헤아리고, 내가 어떻고 남이 어떻고, 이런 관념에서 못 벗어나고 하니까 문제가 생기는 겁니다. 법은 언제든지 단지 이 법 하나뿐인 것입니다. 차별되는 법이 있는 게 아니에요. 법계는 불이법계입니다. 둘도 없어요. 다만 이것 하나뿐입니다. 그러니까 언제나 가리켜 봐야 (손을 들면서) 이것 하나를 가리킬 뿐입니다. 여러 가지가 있어야 여러 가지를 가리키지, 이것은 이것 하나일 뿐입니다. 처음 시작하는 사람이나 10년, 20년 공부한 사람이나 이것 하나가 있을 뿐입니다. 여러 가지 법이 있는 게 아닙니다. (딱! 딱! 딱!)

일곱 번째 법문

삼세[30]의 모든 부처는 반야바라밀다에 의지하므로[31] 위없는 바른 깨달음을 얻는다.[32]

三世諸佛 依般若波羅蜜多故 得阿縟多羅三邈三菩提.

---

30) 삼세(三世) : 과거 · 현재 · 미래.
31) 과거 · 현재 · 미래의 헤아릴 수 없이 많은 부처가 모두 여기 눈앞에 나타나 있으니, 눈앞이 바로 반야바라밀다이다.
32) 위도 없고 아래도 없고, 깨달음도 없고 어리석음도 없어, 한결같이 분명하여 어떤 일도 없다.

삼세의 모든 부처는 반야바라밀다에 의지하므로 위없는 바른 깨달음을 얻는다.

三世諸佛 依般若波羅蜜多故 得阿耨多羅三藐三菩提.

(손을 들면서) 이것이 분명하면, "삼-세-" 이 한 마디로 끝날 일입니다. "삼-세-", 더 이상 할 얘기가 없는 것이고, "삼-세-"가 분명하면 모든 일이 다 분명합니다. 분명하지 않으면, "삼-세-", 이 한 마디에서 꽉 막혀 버려서 아무것도 할 수 없는 겁니다. 말하자면, "삼-세-" 한 마디에서도 꽉 막혀 망상만 피운단 말입니다. "삼-세-"가 분명하면, 삼세라는 말뿐만이 아니고 당장에 모든 것들이 차별 없이 다 분명하고, 다른 일이 없습니다. 전부가 이 일 하나일 뿐입니다.

명확하다, 명확하지 않다, 이렇게도 생각할 필요도 없습니다. 제가 어쨌든 여기서 한 가지 가리키는 것은, 말을 하든지 말을 하지 않든지, 손짓을 하든, 눈짓을 하든, 모든 경우에 조금의 틈도 없이 (손을 들어서)

이것 하나를 드러내고 있는 것이고, 이 하나를 가리키고 있는 겁니다. 사실은 모든 사람이 다 마찬가지입니다. 여기 계신 분들을 대표해서 이걸 가리키는 것이지, 모든 사람이 똑같습니다. 모든 사람이 똑같이 그저 이것 하나뿐입니다. 그냥 앉고 서고 쳐다보고 손짓하고 발짓하고, 단 한 순간도 여기에 다른 일이 있지 않습니다. 그냥 이 일이죠. 이 일 하나가 있을 뿐이란 말이죠. 이것 하나만 분명하면 아무런 다른 일이 없는 것이고, 이게 분명하지 않으면 깜깜한 거죠. 깜깜해서 그 다음엔 생각으로 다 분별해 버리는 거죠. "이게 분명하냐" 하는 게 이것이고, "이게 분명하지 않습니다" 하는 게 바로 이것이거든요.

사실 이것은 분명하고 분명하지 않고 맞고 틀리고의 차별이 있는 것도 아니에요. 당장에 있는 게 다 이 일 하나뿐이니까요. 본인 스스로가 어두우니까 생각을 하는데, 뭐가 밝고 뭐가 어둡다고 하는지 뭘 가리키는지 생각을 가지고는 알 수가 없는 것입니다. 생각이 물론 딴 데 있는 건 아닙니다. 생각도 전부 이 일입니다. 생각이 생각을 모른다는 것은 눈이 눈 스스로를 모른다는 것과 같습니다. 흔히 그렇게 얘기하죠. 눈으로 다른 것은 잘 보는데 정작 자기 눈은 보지 못한다고요. 밖에 시계도 보이고 컵도 보이는데 왜 내 눈은 안 보일까? 이런 어리석은 생각을 안 하게 될 수는 있어요. 자기 마음이라고 할까, 자기의 본성이라고 할까, 자기의 본래 모습이라고 할까, (손을 들면서) 이것을 본다고 하는 것은 눈 바깥에 있는 시계를 보고 컵을 보듯이 뭘 보고 이해하고 하는 식으로 알 수 있는 게 아니란 말이에요. 눈이 눈 스스로를 알게 될 때는 바깥에 있는 물건을 보듯이 그렇게 자기를 아는 것이 아닙니다. 그렇게 보지는 않아도 자기 스스로가 분명하고 확실한 것입니다. 그건 눈으로 시계를 보고 있으면, 사실은 시계가 확실한 것이 아니고, 시계보다 더 확실한 것은 눈 스스로가 더 확실한 거죠. 시계는 가짜일 수가 있잖아요. 시계 모습의 그림일 수도 있고, 진짜 시계가 아닐 수도 있는데, 시계를 보든 시계 모습의 가짜 그림을 보든지 간에, 눈 자체가 가짜고 진짜고 그런 게 있는 게 아니잖아요. 말하자면 그와 같다 이거예요.

그래서 "아, 이런 게 마음이구나" 하는 게 있으면 그건 전부 아니라는 말이에요. 그건 아니지만, 그런 걸 보든 저런 걸 보든 보지 않든지 간에 스스로 (손을 들면서) 이 하나는 도저히 의심할 수가 없는 거죠. 이건 아주 명백한 거예요. (책상을 두드리며) 이건 아주 명백하고 분명한 겁니다. 오늘 날씨가 추운지 따뜻한지는 몰라도, "추운지 따뜻한지 모르겠다" 하는 이것은 명백하잖아요. 해가 떴을지 해가 졌을지 밖에 안 나가봐서 모르겠더라도, "해가 지금 떠 있을까 졌을까?" 하는 이것은 명확하거든요. 이것은 이상할 게 없습니다. 이것은 의심할 게 없는 것입니다. 이것이 한 번 딱 분명해지면, 의심이 더 이상 없어지는 것입니다. 해가 떴든 해가 졌든 이 일이고, 시계가 진짜배기든 가짜배기든 이 일이고, 눈을 떠서 보든 눈을 감고 꿈을 꾸든 이 일이지 다른 일은 없습니다. 전부 이 하나의 일입니다. 그런데 우리가 자꾸 밖으로 찾으니까 눈이 시계를 보고 컵을 보듯이 나 자신의 눈이라는 이 물건을 보겠다고 하면, 그건 안 보이는 건데 보겠다고 자꾸 그러면 안 되는 거죠. 마음을 확인하는 것도 마찬가지입니다. 자기 자신을 확인하는 것도 마찬가지란 말입니다. (컵과 시계를 가리키며) 컵을 보고 시계를 보면 컵과 시계가 여기에 있죠. 그런데 (손을 들면서) 이것을 컵 보듯이 시계 보듯이 볼 수는 없단 말입니다. (손을 들면서) 이것이 분명하죠? 분명하지만 이걸 시계 보듯이 컵 보듯이 그렇게 볼 수는 없습니다. 언제든지 이것 하나가 분명한데요. 그렇죠? 꿈을 꿔도 이것이고, 눈을 떠도 이것이고, 눈을 감아도 이것이고, 알아도 이것이고, 몰라도 이것입니다. 언제든지 이것 하나는 분명한 것입니다. 이것은 긍정될 수도 없고 부정될 수도 없는 것입니다. 이 사실에 대해서 어떻게 할 수가 없습니다. 너무 당연한 것입니다. 너무나 당연한 거죠.

"여기에 시계도 있고 컵도 있고 책도 있는데 왜 나 자신은 안 보이나?" 그러면 그건 어리석은 눈이죠. (책상을 두드리며) 이게 한 번 딱 하고 분명해지면 그런 어리석음이 없어진단 말입니다. 언제든지 이 하나가 명확하고 분명한 것입니다. (손을 들면서) 이것은 부정되고 긍정될 문제가 아니잖아요. 진짜든 가짜든, 진짜가 어디에 나타나고 가짜가 어디에 나타나느냐는 말입니다. 진짜도 여기 이 일이고 가짜도 이 일이지 다른 일은 없죠. 여기에 무슨 진짜가 있고 가짜가 있습니까? 이것 하나가 분명하면 온 천지에 모든 일이 그냥 이 일이에요. 이건 어려울 게 하나도 없습니다. 그런데 참 희한하게도 잘 안 돼요. 그래서 (책상을 두드리며) 이게 한 번 와 닿아서 분명해져야 된다고 얘기하는 겁니다. 이게 분명해지면 모든 일이 다 이 일이죠. 그렇죠? 눈이 멀쩡하면 보이는 건 전부 눈의 일이지 밖의 일이 아닙니다. 모든 보이는 사물이 전부 다, 눈 자신의 일입니다. 그래서 세상이 눈 안에 다 있죠. 그래서 온 세상이 눈 안에 다 있다고 하잖아요. (책상을 두드리며) 이것도 마찬가지입니다. 온 세상의 일이 다 이 일입니다.

어떻게 보면 등잔 밑이 어둡다고 하듯이, 이건 너무 가까이 있고 너무 쉽고 너무 당연한 일이라서 못 찾고 있을 겁니다. 너무 당연한 일이기 때문에 무시해 버리는 거죠. 너무 당연한 일이니까 뭔가 좀 특별하고 신기한 것 없나 하고, 자꾸 다른 데로 엉뚱한 곳을 쳐다보려고 합니다. 모든 일이 이 일입니다. 다른 일이 없습니다. 모든 일이 (손을 들면서) 여기 다 있는 겁니다. 눈이 어리석음을 극복하고 현명해지는 것은 자기 모습을 봐서가 아니라, 자기 모습을 못 보지만 다른 무엇을 보든지 간에 거기에는 항상 자기 자신이 확인되기 때문입니다. 시계를 보면 시계가 확인되는 게 아니고 눈이 확인되는 것입니다. 첫째로 눈이 확인되고, 두 번째가 시계잖아요. (책상을 두드리며) 이것도 마찬가지입니다. 무슨 일이 있더라도 첫 번째는 이것이 확인되고, 그 다음에 이러쿵저러쿵 하는 것이죠. 그래서 언제든지 이 하나가 있을 뿐입니다. 그런데 희한하게도 이게 잘 안 돼요. 그래서 자기 발밑을 보라고 그러는데, 우리는 자기 발밑을 안 보고 항상 저쪽 앞을 봐요. 길을 걸어갈 때 자기 발밑을 안 보죠. 저쪽을 본단 말이죠. 남의 발밑을 자꾸 보려고 하지 자기 발밑은 안 봅니다. 아마 너무 당연하니까 안 보는 것인지는 모르겠는데, 당연한 그것을 확인하지 않으면 어리석음에서 못 벗어납니다. 법이 어려운 게 아닙니다. 이건 너무 당연한 건데, 당연한 이것 하나가 확인 안 되니까 자꾸 딴 짓을 하는 것입니다. 옛날 스님들이 이걸 뭐라고 한 줄 압니까? "자기 주머니 속에 있는 돈은 세어 볼 생각을 안 하고 남의 주머니 속의 돈을 세어 보려고 한다." 그건 쓸데가 없는 거죠. 내 주머니에 있는 돈을 내가 쓰는 거지, 남의 주머니 속 돈은 내가 쓸 수가 없으니까요. 그러니까 그건 쓸데없는 짓입니다.

이게 분명해져야 그런 어리석음에서 벗어날 수 있습니다. 벗어나서 자기 주머니 속의 돈을 자기가 쓰면 온 세상을 전부 내 마음대로 할 수가 있어요. 어디를 가든지 걸릴 게 없고 끄달릴 게 없고 속지 않습니다. 이게 분명하단 말이에요. 이 일 하나가 분명하게 된단 말입니다. 지금 이 일이 있을 뿐입니다. 알고 보면 굉장히 단순하고 간단해서 조금도 어려울 게 없는데, 참 이상하게도 이게 잘 와 닿지가 않아요.

"도가 뭡니까?"
"뜰 앞의 잣나무."

바깥의 뜰 앞에 있는 잣나무를 가리키는 게 아니거든요. "당신 눈이 지금 어디 있습니까?" 하고 물었을 때, "시계를 보시오" 하고 말할 수 있잖아요. 누가 우리한테 "내 눈이 어디 있습니까?" 하고 물었단 말이죠, 그러면 "시계를 봐라" 할 수가 있잖아요.

"시계가 보이냐?"
"예, 시계가 보입니다."
"네 눈이 바로 거기에 있어."

"별이 보이냐?"
"예, 별이 보입니다."
"그래, 네 눈이 바로 거기에 있어."

시계가 안 보이고 별이 안 보이면 눈이 없는 거죠. 아무리 눈 모양을 갖추고 있어도 시계도 안 보이고 별도 안 보이면, 눈이 없다고 해야죠.

그런 것과 꼭 마찬가지입니다.

"제 눈을 어디서 확인합니까?"
"저기 흰 구름이 흘러가는 것이 보이느냐?"
"예."
"거기 있잖아!"

거기서 확인되는 것이지 다른 데서 확인되는 겁니까? 이것도 마찬가지입니다.

"도가 어디에 있습니까?"
"뜰 앞의 잣나무다."

여기서 확인되는 겁니다. "뜰 앞의 잣나무", 그냥 이것입니다. 이 일이라는 말이죠. "뜰 앞의 잣나무", 여기서 확인되는 것입니다. 이것만 확인되면 뜰 앞의 잣나무만 그런 게 아니고, 시계도 그렇고 컵도 그렇고 하늘도 그렇고 땅도 그렇고 사람도 그렇고, 전부가 이 도(道) 하나를 확인하는 겁니다. 마음 하나 확인하는 것입니다. 전부 다 이것 하나를 확인하는 것이지 다른 일은 없습니다. 그러니까 너무 당연한 것입니다. 힘들 것도 없고 신경 쓸 일도 없고 애쓸 일이 조금도 없어요. 오히려 지금까지 애를 쓰려고 하던 것이 싹 사라집니다. 전부가 그대로가 다 이것입니다. 너무 당연하고 간단한 것인데, 이상하게 잘 안 되는 것 보면, 우리 자신이 참 희한한 것입니다. 눈에 대해서는 쉽게 납득이 되죠?

"제 눈을 어떻게 확인합니까?"
"(형광펜을 들면서) 자, 이게 보이냐?"
"예. 보입니다."
"여기 있네. (형광펜을 흔들면서) 이게 확인되잖아."

이것도 마찬가지입니다.

"마음이 어디 있습니까?"
"이것이 무엇인지 아느냐?"
"예. 그건 죽비입니다."
"그러면 됐네!"

"마음이 어디 있습니까?"
"(컵을 들면서) 이것이 뭔지 알겠느냐?"
"예. 컵이네요."
"그럼 됐네!"

여기에 뭐가 더 필요합니까? 마음을 확인하는 데 뭐가 더 필요하냐는 말입니다.

"3 곱하기 3은 얼마야?"
"9입니다."
"그럼 됐네."

뭐가 또 필요한 게 있냐고요. 여기서 이렇게 와 닿으면, 그러면 모든 경우에 이것 하나뿐이지 다른 일이 없습니다. 다 이 일이지 뭐가 또 있습니까? 이렇게 간단하고 단순한 건데, 이 쉬운 게 잘 안 되니까 그렇게 복잡한 얘기를 하려고 하는 겁니다. 복잡하게 얘기하는 것은 사실 전부 엉터리에요. 원래 잘 아는 사람은 아주 단순하고 쉽게 얘기합니다. 자기가 잘 모르면 굉장히 복잡하게 얘기해요.

"부처를 어디서 확인합니까?"
"이게 뭐냐?"
"돌멩이입니다."
"됐네."

더 이상 무슨 확인이 필요합니까? 이렇게 명백하고 명확한 것을 그대로 딱 보여 드립니다. 그러니까 이 일입니다. 그냥 이 일 하나뿐입니다. 이건 어려운 게 아니잖아요. (책상을 두드리며) 이게 뭐가 어렵습니까?

아까 눈에 비유했는데, "눈이 눈을 보지 못한다"는 이 말은 경전에도 나오고 많이 하는 얘기입니다. 눈은 자기 자신을 확인할 때 자기 자신을 볼 수가 없습니다. 또 볼 필요도 없는 것이고요. 앞에 있는 시계를 볼 때 시계가 보이면 그게 눈이잖아요. 시계가 안 보이면 눈이 없는 것이죠. 일러서 마음이라고 하는 그 마음을 어디서 확인합니까? 석가모니는 반짝이는 별을 보면서 이걸 확인했습니다. "도대체 뭐냐?" 고민 고민 하다가, 새벽 일찍 일어나서 하늘을 쳐다봤는데, 샛별이 반짝했습니다. 그 순간에 탁 와 닿은 것입니다. (손을 들면서) 이걸 탁 알았다니까요!

그러고 보니까 온 세상 모든 것이 똑같이 전부 다 이 하나인 것입니다. "전부 다 이것뿐인데, 여기서 내가 무엇을 찾으려 하고 구하려고 하고 얻으려고 하고 취하려 했는지…." 여기에 취하고 버리고 할 게 뭐가 있습니까? 아무런 그런 것이 없잖아요! 모든 일이 똑같은 일입니다. 모든 것에서 이 하나가 확인될 뿐입니다.

영운 스님이라는 분은 길을 가는데 복사꽃이 길 옆에 피어 있어서 그걸 무심코 보고 있다가 어느 순간에 이걸 턱 알았습니다. 향엄 스님이라는 분은 돌멩이를 휙 집어 던졌는데, 그게 대나무에 (책상을 세게 한 번 두드리며) "딱", 이렇게 맞아서 소리가 났는데 그 순간에 이걸 탁 알았어요. 그러고 보니까 전부 다 이 일인 것입니다. 이건 진짜 쉬운 것입니다. 불법이 어렵다고 하는데, 법을 모르는 어리석은 중생들이 이걸 어렵게 만든 것이지, 아니 (손을 들면서) 이게 왜 어렵습니까? 이건 굉장히 쉬운 겁니다. 그래서 향엄 스님이 (책상을 딱딱 치며) 이걸 알고 나서 인가해 달라고 편지를 써서 보냈는데, 그 편지 내용에 그런 게 있습니다. "누군가가 도를 물으면 눈을 깜빡깜빡 해서 보여 주겠다. 그래도 못 알아들으면 '사미야' 하고 이름을 한 번 불러주겠다" 하는 것입니다. 그래도 못 알아들으면 그건 구제할 수가 없죠. 이건 하나도 어려운 게 없어요. 전부 다 이 일이거든요. 다 (손을 들면서) 이 일 하나지 다른 것이 뭐가 있습니까?

이게 한 번 딱 하고 분명해지면, 모든 일이, 모든 삼라만상이 다 이것입니다. 그래서 "삼계는 오직 하나의 마음이요, 온 우주는 오직 하나의 마음이요, 눈앞에 보이는 모든 모습들은 마음 위에 나타나는 하나의 식일 뿐이다, 만법은 유식이요" 이런 얘기를 하는 것입니다. (책상을 두드리며) 이것입니다. 다른 일이 있는 게 아니에요, 이건 아주 단순하고 간단한 것입니다. 이 일뿐인데, 전부가 다 이 일 하나거든요, 아무런 다른 게 없어요. 그런데 (책상을 두드리며) 이게 어려울 것이 없는데, 희한하게도 이게 확 와 닿지 않아요. 이건 너무나 당연한 것인데…. 이게 와 닿지 않으면 망상을 합니다. "아, 마음이 이런 게 아닐까?" 하고 온갖 쓸데없는 망상을 하죠. 그런 망상 속에 빠져들어가 버리면, 번뇌가 불꽃처럼 일어나서 아주 괴롭습니다. 이건 아주 단순한 것입니다. "아주 단순한 것입니다"가 이거거든요. 전부가 이 일 아닌 게 없어요. 온 세계가 여기서 빠져나갈 수 없습니다. 온 세상이 이 마음 바깥에 있는 게 아니란 말입니다. 어떤 스님은 "1년 365일 늙어 죽을 때까지 무얼 하든지 한 번 해봐! 하는 일이 전부 다 이 일이야. 이 바깥에 아무 일도 없어. 전부 다 이 속의 일이야. 다 이 일 하나야"라고 했습니다. (책상을 두드리며) 이것을 가리키는 것이지 다른 것이 아무것도 없습니다. 아주 단순한 거죠. "단순한 거죠" 하는 게 바로 이것입니다. 이것뿐인데, 부처다, 반야바라밀이다, 위없이 바른 깨달음이다, 보살이다… 이런 별의별 소리를 여기에 다 붙인 것입니다.

    이건 너무 쉽고 간단하고 단순하고 당연한 일이라서 관심을 안 두는 것 같아요. 사람의 속성이 그렇거든요. 가까이 있는 것은 무시해 버립니다. 항상 보면 멀리서 뭘 찾으려고 해요. 그게 사실은 자기 괴로움의 시작입니다. 진짜 중요한 것은 늘 가지고 있어서 떠날 수가 없고, 항상 너무나 당연해서 생각조차 할 필요도 없는 것입니다. 이게 진짜로 중요한 것인데, 이것은 무시해 버리고 뭐 좀 특별한 게 없나 하고 다른 데 관심을 가져 버려요. 그게 바로 중생이죠. 그게 바로 어리석음이에요. 우리가 지금 눈으로 보고 귀로 듣고 입으로 말하고, 여기에 대해서 특별히 생각해 본 적이 없잖아요. 그러나 사실은 눈으로 보고 귀로 듣고 하는 이것이 아니면 사람 노릇을 할 수 없는데, 이것은 신경 안 쓰잖아요. 손가락 한 번 꼼지락 하는 것, 이것 아니면 사람 노릇을 할 수 없는데 여기에는 신경 안 쓰거든요. 이건 당연하다 생각하고 다른 것, 엉뚱한 것을 자꾸 봅니다. 그런데 이 당연한 게 아니면 그 무엇도 이루어질 수가 없는 겁니다! 그래서 만법의 뿌리이자 만법의 근본은 바로 (손을 들면서) 이것입니다. 마음이라 해도 좋고 도라고 해도 좋습니다. 이 당연한 것이 아니면 아무것도 소용이 없습니다. 눈으로 얘기하자면, 뭔가 볼 만한 것을 찾아 계를 부어서까지 온 천지를 돌아다니며 더 신기한 것을 보러 다니지만, 사실은 돈이 아무리 많아도 눈이 고장 나 버리면 아무 소용이 없어요. 아무리 신기한 것이 있어도. 제일 중요한 것은 이것인데, 이것은 내버려두고 뭐 좀 볼 거 없나 하고 엉뚱한 데를 쳐다보고 있습니다. 그게 바로 우리의 어리석음입니다.

눈으로 비유를 들었지만, 마음이라고 이름을 붙이는 것, 도라고 하는 것, 바로 이것이거든요. 이것 하나가 없으면, 산더미 같은 황금을 갖다 놓아도 아무 소용이 없어요. 이것이 온 우주의 근본이란 말입니다. (책상을 두드리며) 그러니까 이것이 한 번 분명해지는 것입니다. 이것뿐이거든요. 이게 딱 하고 한 번 확인되는 것입니다. 그런데 이건 생각으로는 확인할 수가 없어요. 생각으로 하는 것은 전부 엉터리입니다. 그것은 마치 이런 것과 같은 것이죠. 눈 모양을 그린 책을 우리가 보잖아요. 그것을 보고 "눈은 바로 이것이다" 하지만, 그 그림이 눈입니까? 그건 엉터리죠. 의학책 같은 걸 보면, 눈을 찍은 사진, 눈의 구조, 단면도가 있습니다. 그것을 보고서 "이게 눈이다" 하지만 책에 그려져 있는 그게 눈입니까? 그건 가짜배기죠. 진짜배기는 그런 게 아니잖아요. 책을 보든 연필을 보든 하늘을 보든 땅을 보든, 진짜배기는 항상 내가 눈에 대해 생각하기 전부터 항상 있었던 거죠. 모든 걸 어릴 때부터 보고 자랐으니까요. 마찬가지입니다. 항상 이것 하나가 있었습니다. 이걸 가지고 공부도 하고 학교도 가고 사람도 만나고 결혼도 하고 아이도 낳고 온갖 짓을 다 했단 말이에요. 이것 아니면 될 수 있는 게 아무것도 없습니다. 학교를 가고 졸업을 하고 사람을 만나고 헤어지고 아이를 길러서 시집장가를 보내고…, 그건 전부 허망한 것입니다. 전부 다 왔다 갔다 지나가 버리는 것입니다. 그런데 이것은 변함이 없어요. 떠날 수가 없는 거죠. 항상 (손을 들면서) 이것입니다. 그러니까 이것 하나가 딱 분명해지는 것입니다. 이것 하나가 딱 분명해지면 다른 쪽에는 관심이 없습니다. 가장 중요한 것은 이것이니까요.

우리는 참 어리석습니다. 아까 눈 얘기를 했듯이, 제주도나 혹은 외국으로 구경 가면 신기한 것에만 눈길이 갑니다. 제일 중요한 것은 눈인데, 눈은 신경도 안 쓰죠. 그러니까 어리석은 것입니다. 계속 그럴 듯한 게 없는가 하고 자꾸 밖으로만 찾아다닙니다. 최고의 보물은 자기한테 있는데 자꾸 밖으로 찾아다니는 거죠. 그래서 '회광반조(回光返照)', 밖을 쳐다보지 말고 한 번 고개를 돌려서 자기 자신을 보라고 얘기하는 것입니다. 가장 큰 보물은 날 때부터 변함없이 있었던 이 하나란 말입니다. (책상을 두드리며) 이게 분명해지는 것뿐입니다. 이건 말로써 이해를 해서 될 일이 아니고, 이게 한 번 탁 하고 와 닿아야 됩니다. 이해를 하는 것은 아무 소용이 없습니다. 이름 해서 마음이라 부르는 이게 한 번 탁 와 닿아야 되는 것입니다. 그래야 죽었던 사람이 한 번 살아나는 것처럼 인생이 확 달라집니다. 지금까지는 가족이 중요하고 배우자가 중요하고 자식이 중요하고 재산이 중요하고, 집을 어떻게 꾸며서 남들한테 보여줘야 내가 부끄럽지 않을까 하는 쓸데없고 사소한 것에 목숨을 걸어 왔습니다. 그러나 정작 중요한 이것은 무시하며 산 것 아닙니까? 그런데 이 하나가 확실하게 "그렇지, 이것뿐이구나!" 하고, "만법의 근본은 이것이구나!" 하고 말은 억지로 표현했습니다만, 아무튼 이것이 한 번 확인이 되면, 다른 것은 아무런 가치가 없어요. 이래도 그만, 저래도 그만, 아무 상관이 없어집니다. 이 일 하나입니다. 이건 진짜로, 아무것도 아닙니다, 너무 당연한 것입니다. (손을 들면서) 그렇잖아요?

눈으로 비유를 들면, 나는 금강산을 보고 왔다, 나는 백두산을 보고 왔다, 저 남미 안데스 산맥을 보고 왔다, 저 일본의 어디로 가서 구경을 하고 왔다고 자랑스럽게 얘기하는데, 그건 순간 지나가는 것뿐입니다. 아무 쓸모가 없는 겁니다. 말하자면 남의 주머니 속의 돈이지 내 돈이 아니란 말입니다. 그러나 백두산을 가든 금강산을 가든 일본을 가든 브라질을 가든 간에, 오직 남아 있을 수 있고 언제나 내가 쓸 수 있고 절대로 고갈되지 않는 것이 하나 있잖아요. (손을 들면서) 이것이잖아요! 이것은 절대로 고갈되지 않아요, 없어지질 않습니다. 항상 이것이 모든 걸 이루어지게 하는 겁니다. 뭘 하든지 이것 하나 가지고 하는 것이지 다른 게 뭐가 있습니까? 그렇지만 걱정할 필요가 없는 점은 다른 것은 내가 얻어 오거나 잃어버리거나 항상 그것 때문에 문제와 갈등이 생기지만, 이것은 애초부터 얻어 온 것도 아니고 날 때부터 가지고 있었던 거니까 없어지는 게 아니라는 것입니다. 쓰고 또 써도, 평생을 써도, 죽을 때까지 써도, 항상 안심입니다. 걱정할 것이 아무것도 없어요.

그러니까 구지 스님은 이것 하나 알고, 죽을 때 그랬습니다. "내가 천룡 스님의 가르침을 통해서 이 하나를 알고는 죽을 때까지 이걸 써 왔는데, 아직까지 다 못 썼다" 하고 돌아가셨단 말이죠. 이것 하나일 뿐입니다. 모든 것은 우리한테 왔다가 떠나가는 것입니다. 허망한 것입니다. 거기에 우리가 의지할 순 없습니다. 올 때는 좋지만 갈 때는 허망하거든요. 배신감을 느끼죠. 그러니까 집착을 해서 죽느니 사느니 하고 우울해 하고 뛰어내리고 별별 짓을 다 하는데, 그건 어리석어서 그런 것이죠. 어차피 이것 하나 빼고는 하나도 쓸모가 없습니다. 다 왔다 가는 것입니다. 허망한 것이죠. 그런데 이것 하나는 원래 온 것도 아니고 가는 것도 아니에요. 경전에 나오듯이 불생불멸이라! 항상 이것이지 다른 것이 없어요. 그래서 여여부동(如如不動)이라고 하는 것입니다. 그러니까 이것 하나가 확실하면 안심이 됩니다. 왜냐? 이것은 왔다 갔다 하는 것이 아니니까요. 우리가 아무리 좋은 것이라 해도 그걸 손아귀에 넣은 그 순간은 행복하게 느낄지 모르겠지만 안심이 안 돼요. "내가 어떻게 하면 저걸 영원히 가질 수 있을까?" 하는 생각에 늘 불안합니다. 그건 영원히 가질 수 없습니다. 그러니까 어리석은 짓이죠.

오직 이것 하나가 유일하게 진실할 뿐 그 나머지는 다 허망한 것입니다. 이걸 확인하면 전부 이 일입니다. 그러니까 허망할 수가 없어요. 해가 떠도 좋고 해가 져도 좋고, 추워도 좋고 더워도 좋고, 시원해도 좋고 갑갑해도 좋고, 아무 상관이 없어요. 그래서 이것을 '무가보(無價寶)'라고 합니다. 값을 매길 수 없는 보물이 바로 (손을 들면서) 이것입니다. (책상을 두드리며) 이 일이 하나 있을 뿐 다른 것은 아무것도 없습니다. 이게 확실하면 전부 이 일입니다. 이걸 가지고 여기서는 "반야바라밀다"라고 한 것입니다. "삼세의 모든 부처는 반야바라밀다에 의지하기 때문에, 위없이 바른 깨달음을 얻는다." 위도 없고 아래도 없고 더 이상 할 것이 없다는 것입니다. "위없다"는 건 더 이상 할 것이 없다는 말입니다. (책상을 두드리며) 이 일입니다. 굉장히 쉬운 건데 쉽게 와 닿지가 않아요. 너무 오랫동안 다른 데만 쳐다봐 와서 그런 것입니다. 하여튼 (책상을 두드리며) 이 일입니다.

"도가 뭐냐?"
"(책상을 두드리며) 이게 도다."
"마음이 뭐요?"
"(죽비를 들면서) 이게 죽비요."
"마음이 뭡니까?"
"(죽비를 들면서) 이게 보이냐?"
"예. 죽비입니다."

더 이상 어떻게 마음을 가르쳐 주겠습니까?

"마음이 뭡니까?"
"저 뜰 앞의 잣나무가 보이느냐?"
"예. 보입니다."

더 이상 어떻게 마음을 가르쳐 줍니까? (책상을 두드리며) 이것이거든요. 다른 일이 있는 게 아니고 이 일입니다, 항상! 이게 확 분명하면, 가깝고 멀고 안과 밖 이런 차별이 없어요. 온 천지가 하나의 마음입니다. 그래서 "온 우주가 나 자신이다" 이렇게 표현할 수도 있습니다. 이것뿐이잖아요. 무얼 하든지 스스로가 다 이것이지, 뭐가 더 있습니까?

"도가 뭐냐?"
"차 한 잔 하라."

"마음이 뭡니까?" 하니까 "자, 여기 차가 있으니 한 잔 마십시오." 이것 외에 뭘 어떻게 가르쳐 드릴 수 있습니까?

"마음이 뭐냐?"
"이 옷을 남대문 시장에서 샀는데 5000원을 줬어."

이것 외에 어떻게 마음을 가르쳐 드릴 수가 있습니까?

"마음이 뭡니까?"
"오늘이 몇 월 며칠입니까?"
"1월 6일입니다."
"됐네."

더 이상 어떻게 가르쳐 줄 수가 있습니까? 이건 알고 보면 너무너무 단순한 것입니다. 머리를 싸매고 생각할 것이 아무것도 없어요. 이건 너무 분명한 거잖아요. 그런데 이게 한 번 분명해지지 않으면 우리는 번뇌에서 벗어나지 못합니다. 왜? 유일하게 자기 스스로인 것은 이것 하나뿐인데, 날 때부터 가지고 오고 죽을 때도 오직 떨어질 수 없는 건 오직 이것 하나뿐인데, 이걸 모르니까 자꾸 다른 것을 끄집어 들여서 그걸 자기라고 착각을 한단 말이죠. 가짜를 들고 진짜배기라고 착각을 하니까 괴로울 수밖에 없는 겁니다. 괴로움은 다른 데 있는 것이 아닙니다. 진실한 자기 스스로를 모르고 자기 아닌 다른 걸 붙들고 "이게 나다" 하고 있으니까 괴롭죠. 몸뚱이가 나다? 몸뚱이가 어찌 내가 됩니까? 순간순간 변해서 어릴 때하고 지금하고는 전혀 다른 몸뚱이인데, 죽을 때는 또 썩어서 없어지는데요. 그런데 몸뚱이가 자기라고 치고서 온갖 치장을 다 하고 다닙니다. 그러니까 괴로울 수밖에 없는 거예요. 편안할 수가 없는 겁니다. 이것 하나가 분명해야 할 일이 없습니다. 원래 진실한 것, 오직 이 하나의 진실이 있을 뿐이니까 아무것도 신경 쓸 일이 없습니다. 무슨 일이 일어나도 상관을 안 해요, 신경 안 쓴단 말이죠. (책상을 두드리며) 이 일이지 아무 다른 게 없습니다. 이건 진짜 당연한 거잖아요. 그런데 이게 그렇게 안 됩니까?

삼세의 모든 부처는 반야바라밀다에 의지하므로 위없는 바른 깨달음을 얻는다.

"삼세"는 과거·현재·미래, 시간을 가리키는 것입니다. 우리가 '세계(世界)'라 그럴 때 '세'는 시간이고 '계'는 공간을 가리키는 말이에요. 삼세는 과거·현재·미래, 시간입니다. "과거·현재·미래의 모든 부처는 다만 이 반야바라밀다에 의지하므로 위없이 바른 깨달음을 얻는다." 다만 이것 하나를 확인할 뿐, 다른 것은 없단 말입니다. 다만 이 하나의 일일 뿐입니다. (책상을 두드리며) 하여튼 이 일입니다. 다른 일이 아니라고요. 이게 탁 하고 와 닿아야 합니다. 이게 딱 확인되어야 됩니다. 이게 딱 분명해져야 됩니다. 생각으로는 절대로 분명해지지 않습니다. 죽었다 깨어나도 분명해지지 않습니다. 이게 한 번 탁 하고 와 닿아야 됩니다. 이것뿐입니다! 다르게 얘기해 줄 건 아무것도 없습니다. 옛날 조사 스님들 보세요.

"도가 뭡니까?"
"돌멩이."
"부처가 뭡니까?"
"호떡."
"깨달음이 뭡니까?"
"나무토막."

이렇게 말씀하셨습니다. "마음이 뭐냐?" (돌멩이를 들면서) "이게 뭐냐?" "돌멩이." 그러면 이미 다 해결된 것 아닙니까? 이렇게 명확하고 분명한 건데 이게 참 확인이 잘 안 되나 봅니다.

"삼세의 모든 부처는 반야바라밀다에 의지하기 때문에 위없는 바른 깨달음을 얻는다." 삼세가 무엇이고 부처가 무엇이고 반야바라밀다가 무엇이고 위없이 바른 깨달음이 무엇인지, 그걸 생각을 가지고 아무리 주물럭거려 봐야 쓸데없는 짓입니다. 그건 마치 시계를 보고 컵을 보면서 내 눈이 시계처럼 생겼나, 내 눈이 컵처럼 생겼나 하는 사람과 똑같아요. 어리석기 짝이 없는 거죠. 눈은 어떻게 생긴 겁니까? 동그랗게 생긴 겁니까? 모습을 가지고 얘기하면 안 됩니다. 눈이 뭡니까? 보이면 눈이 있고, 안 보이면 눈이 없는 것입니다. (손으로 눈을 가리키며) 이 모습은 아무 소용이 없습니다. 눈은 정해진 모습이 있는 게 아니고 뭐든지 보이기만 하면 그건 눈이에요. 그래서 시계를 보면 그냥 동그란 시계, 네모 시계, 그건 시계의 모습이지 눈이 동그랗고 네모인 것은 아니란 말입니다. 눈은 정해진 모습도 없고 정해진 색깔도 없기 때문에 온갖 모습을 다 볼 수가 있고 온갖 색깔을 다 볼 수가 있습니다. 만약 눈이 노랗다면 노란 색깔만 볼 수 있지 다른 것은 못 보겠죠. 눈이 네모라면 네모난 것만 볼 수 있지 다른 것은 못 본다고요. 눈은 정해진 모양이 없기 때문에 모든 모양을 다 볼 수가 있고 모든 색깔을 다 볼 수가 있습니다.

마음이라는 것도 마찬가지란 말입니다. 정해진 모습과 정해진 물건이 없으므로 이 세상에 있는 모든 것들을 다 경험할 수가 있는 것입니다. 무엇이든 보이는 그곳에 눈이 있듯이, 뭐든지 경험하는 것에 마음이 있는 거라고요. 그러나 이렇게 이해해 봐야 소용이 없고, 이런 말을 듣다가 이게 한 번 탁 하고 와 닿아야 합니다. 그러면 뭘 하든지 온 천지가 이것 하나뿐입니다. 와 닿고 나서 보면 이건 너무 당연한 거예요. 너무 당연합니다, 너무나! 세상에 어떻게 이걸 지금까지 모르고 헤맸는지 이해가 안 될 정도입니다. 어찌 그렇게 엉뚱한 짓만 해왔는지 이해가 안 됩니다. (책상을 두드리며) 이것 이상 더 명백할 수가 없어요.

그래서 마조 스님은 도를 물으러 오면, "절 한 번 해", "네 이름이 뭐야?" 이런 식으로 가르쳤습니다. 가까이 오라고 해놓고 콱 쥐어박으면서 가르쳤습니다. 이 일이 있을 뿐입니다. 항상 전부가 이것이잖아요.

이게 뭐가 어렵습니까? 그런데도 이게 잘 안 와 닿는 게 참 희한하죠. 이게 정확하게 딱 하고 와 닿아야 되는데, 그게 참 잘 안 돼요. 참 희한한 일이에요. 법이 현묘한 게 아니고 법을 모른다는 게 너무 현묘해요. 어찌 이걸 모를 수가 있을까, 어찌 이게 분명하지 않을 수가 있을까…? (책상을 두드리며) 이것 하나입니다. 다른 일이 아니거든요. 그냥 이것뿐인데, 조금도 어려울 게 없잖아요. 차를 마신다, 시계를 본다, 책상을 두드린다, 두리번두리번 한다, 눈을 깜빡깜빡 한다, 숨을 쉰다, 오늘 저녁에 집에 가면 뭘 해야 될지 생각을 해본다… 뭘 하든지 간에 전부가 똑같이 그저 이것 하나입니다. 여러 가지가 있습니까? 전부가 이거 하나지! 전부가 이 일이지 딴 일이 없어요. 마치 눈으로 천장을 올려다봐도, 방바닥을 봐도, 벽을 봐도, 창밖을 봐도, 밤하늘을 봐도, 눈 하나가 확인되는 것 아닙니까? 다른 게 있습니까? (책상을 두드리며) 이 일입니다. 이것 하나가 확인될 뿐입니다. 언제든지 이것 하나가 있을 뿐입니다. 항상 이 일이죠. 뭘 하든지 간에. "뭘 하든지 간에" 하는 게 바로 이 일입니다.

그래서 사물을 보면 시계와 책상과 마이크가 다 다르지만, 눈을 확인하는 입장에서는 시계를 보고 눈을 확인하든, 책상을 보고 눈을 확인하든, 마이크를 보고 눈을 확인하든 이게 분명하면 차이가 없습니다. 어디를 보든지 눈 하나 확인하는 것은 아무 차이가 있을 수가 없잖아요. 마찬가지로 이게 분명하면, 모든 경우에 여여합니다, 똑같아요, 아무 차이가 없습니다. 모든 경우에 이것 하나입니다. 이게 마음이라면 마음 하나뿐입니다. 모든 경우에 마음 하나뿐이지 다른 게 없단 말이에요. 그러니까 이걸 평상심이라고 합니다. 평소에 모든 일이 다 마음뿐이란 말이에요. 무슨 일이 있더라도 이 마음 하나가 있을 뿐입니다. 항상 이 것은 똑같죠. 그래서 안팎이 없고 가깝고 먼 게 없고 크고 작은 게 없어요. 무슨 일을 하든지 이것 하나가 확인됩니다. (책상을 두드리며) 항상 똑같아요. 그냥 이것 하나가 있을 뿐입니다.

여덟 번째 법문

그러므로 알아야 한다. 반야바라밀다는 크게 신령스런 주문이요,[33] 크게 밝은 주문이며,[34] 위없는 주문이요,[35] 둘도 없는 주문으로서,[36] 모든 고통을 잘 없애며,[37] 진실하여 헛되지 않다.[38] 따라서 반야바라밀다의 주문을 이렇게 말한다 : 아제아제 바라아제 바라승아제 모지사바하.[39]

---

33) 언제나 어디에도 막힘이 없으니 신령하다고 한다.
34) 늘 분명하여 알거나 모르는 장애에 걸리지 않으니 밝다.
35) 그 위도 없고 그 아래도 없이 오직 홀로이니, 위없는 것이다.
36) 위도 없고 아래도 없고, 하나도 아니고 둘도 아니고, 아는 것도 아니고 모르는 것도 아니니, 둘이 없다.
37) 둘이 없어서, 즐거움도 괴로움도 없는 것이 곧 고통이 없는 것이다.
38) 둘이 없으니, 진실도 없고 헛됨도 없다.
39) 맑은 하늘에 시원한 바람이 부니, 구름은 흘러가고 나뭇잎은 흔들린다.

故知 般若波羅蜜多是大神呪 是大明呪 是無上呪 是無等等呪 能除一切苦 眞實不虛 故說般若波羅蜜多呪 即說呪曰：揭帝揭帝 般羅揭帝 般羅僧揭帝 菩提僧莎訶.

그러므로 알아야 한다. 반야바라밀다는 크게 신령스런 주문이요, 크게 밝은 주문이며, 위없는 주문이요, 둘도 없는 주문으로서, 모든 고통을 잘 없애며, 진실하여 헛되지 않다. 따라서 반야바라밀다의 주문을 이렇게 말한다 : 아제아제 바라아제 바라승아제 모지 사바하.

故知 般若波羅蜜多是大神呪 是大明呪 是無上呪 是無等等呪 能除一切苦 眞實不虛 故說般若波羅蜜多呪 卽說呪曰 : 揭帝揭帝 般羅揭帝 般羅僧揭帝 菩提僧莎訶.

"그러므로 알아야 한다." "그-러-므-로-", 이 말이 분명하면, 알고 모르고 할 것이 없습니다. 전부가 여기서 벗어나지 않는단 말이죠. "그-러-므-로-", 이 한 마디가 분명하듯이 모든 경우가 똑같이 분명한 것입니다. 이런저런 다른 일이 없이 모든 경우에 이 하나의 일입니다. 앞에서 "삼세의 모든 부처가 반야바라밀다에 의지한다"고 했는데,

'반야바라밀다'라고 하는 이름을 쓰지만, "이런 것이 반야바라밀다"라고 감각적으로 경험하고 이치로 이해할 수 있는 그런 사실이 있는 것은 아닙니다. "반-야-바-라-밀-다-", 이걸 꼭 말로 하자면, "여기에 시계가 있고 여기에 컵이 있다", 이렇게 얘기할 순 있겠지만, "반야바라밀다가 어떤 것이다"라고 할 만한 정해진 모습이 있는 건 아닙니다. 이것을 일러주기 위해 하나의 방편으로 가명을 만든 것이죠. 그래서 "반야바라밀다"가 가리키는 바를 스스로가 밝게 안다면, 온 천지에 반야바라밀다 아닌 것이 없습니다. "크게 신령스럽다"고 한 말은 걸림이 없고 막힘이 없다는 말입니다. "밝다", 어둠이 없다는 말입니다. "위없다", 이 말은 두 번째가 없다는 말이고, 그러니까 온 천지에 뭘 보든지 뭘 듣든지 단 한 순간도 반야바라밀다에서 벗어나는 건 없다는 말이에요. (손을 들면서) 이걸 일러서 반야바라밀다라 하는 것인데, 이것은 명확할 뿐인데, 그런데 희한하게 잘 모르나 봅니다. 계합이라는 것은 딱 들어맞는다는 말인데, 정확하게 딱 여기에 들어맞는 게 안 되나 봐요. 그러나 공부를 계속 하다 보면, 여기에 딱 들어맞는 순간이 옵니다. 여기에 딱 들어맞으면 어떻게 되느냐? 억지로 얘기를 해본다면, 티끌 하나도 걸릴 것이 없습니다. 이런 게 있다, 저런 게 있다, 맞다, 틀리다… 조금도 그런 것이 없습니다. 그냥 온 천지가 아무런 차별 없이 똑같습니다. 한 순간도 어떤 차별도 없이 다 똑같습니다. 그러니까 항상 분명한 것입니다. 항상 (손을 들면서) 이 자리가 되어서 왔다 갔다 하는 일도 없고, 맞다 틀리다, 옳다 그르다, 깨달았다 못 깨달았다, 이런 차별도 없어요. 언제든지 그저 딱 이거 하나뿐이라는 말이에요.

"이것 하나뿐입니다"라는 말을 오해해서, 예컨대 "삼라만상 가운데 이것이라는 게 하나 있구나, 삼라만상 속에 이게 침투해 있구나"라고 이해를 하면 안 됩니다. 그런 뜻에서 얘기하는 것이 아닙니다. 삼라만상에 속으면 이것은 없고 삼라만상뿐이고, 이것이 분명하면 삼라만상이 따로 있는 게 아니고 삼라만상 그대로가 이것입니다. 삼라만상 속에 이것이 있는 것도 아니고, 삼라만상과 더불어 이것이 있는 것도 아닙니다. 이것과 삼라만상이 둘이 되어 있지 않단 말입니다. 그래서 불이법이라고 하는 것입니다. 말은 "이것"이라고 하고, "시계", "컵"이라고 하지만 사실은 따로 있는 것이 아닙니다. "이것"이라는 말은 사실 방편으로 만든 말입니다. "이것"은 따로 있을 수가 없습니다. 그래서 "이걸 깨달아야 됩니다" 해놓고, "이게 뭡니까?" 하니까 "여기에 죽비가 있고, 여기에 시계가 있다" 이렇게 말씀 드리는 것입니다. "반야바라밀다를 깨달아야 됩니다" 해놓고 "반야바라밀다가 뭡니까?" 그러면, "여기에 죽비가 있고, 여기에 컵이 있습니다" 이렇게 얘기를 한단 말이죠. 반야바라밀다라는 것이 사물이든지 정신적인 상태든지 경험이든지 뭐든지 간에 "이것을 반야바라밀다라고 한다"라는 뭔가가 따로 있다고 여긴다면, 벌써 그것은 망상이지 반야바라밀다가 아닙니다.

"도가 뭐요?"
"지금 몇 시 몇 분입니다."
"도가 뭐요?"
"오늘 날씨가 좋습니다."
"도가 뭐요?"
"오늘이 몇 월 며칠입니다."

"도가 뭐요?"

"저녁 잡수셨습니까?"

"도가 뭐요?"

"요즘 건강이 어때요?"

그냥 이것뿐입니다. "이게 도요" 그럴 수는 없는 겁니다. 그러니까 도다, 마음이다, 부처다 하는 것은 전부 우리가 방편으로 만든 가명입니다. 방편설이라고 하고 방편어라고 하죠. 반야바라밀도 마찬가지고요. (책상을 두드리며) 이게 분명해져야, 보고 듣고 느끼고 알고 하는 것에 대해 '이것이다, 저것이다' 하는 분별로부터 완전히 벗어날 수 있습니다. 그전에는 그게 잘 안 돼요. 분별심에서 완전히 벗어나야 반야바라밀다라는 말을 수용할 수가 있습니다. 그렇지 않으면 반야바라밀다는 전혀 꿈도 못 꾸는 것입니다.

"그러므로 알아야 한다." "그러므로"가 이것이고 "알아야 한다"가 이것입니다. 그러니까 (손을 들면서) 이것이 분명하면 "그러므로"가 이 일이고, "알아야 한다"가 이 일입니다. 여기서 분명하면, "그러니까 뭘 알아야 하느냐?" 이렇게 진도가 나갈 수가 없습니다, 두 번째가 있을 수가 없단 말입니다. 알아야 한다고 하니까 말을 따라가서 "뭘 알아?" 이렇게 되겠죠. 그런데 그렇게 하는 것이 분별입니다. 법이 분명하면, "알-아-야-한-다-" 여기서 끝나 버립니다. "그래서 뭐?"라는 말이 나올 수가 없습니다. 이게 분명해야 비로소 걸림이 없어지는 것입니다. 하여튼 이게 분명해져야 됩니다.

그러므로 알아야 한다. 반야바라밀다는 크게 신령스런 주문이요…

《금강경》에서 항상 얘기를 하죠. "반야바라밀다는 반야바라밀다가 아니라 이름이 반야바라밀다일 뿐, 반야바라밀다라는 이름을 가진 그런 물건은 없다."《금강경》에서는 계속 그렇게 얘기를 하죠. "중생은 중생이 아니라 이름이 중생일 뿐 중생이라는 물건은 없다." "크다는 것은 이름이 크다일 뿐 크다라는 그런 일이 없다." "작다는 것은 이름이 작다일 뿐 작다라는 그런 일이 없다." 이렇게 계속 얘기를 해주잖아요, 모든 이름이 다 해당이 됩니다. 우리는 크다와 작다를 따로 분별하는데 그러면 안 맞습니다. "그러므로 알아야 한다." "그러므로"가 이것이고 "알아야 한다"가 이것입니다. "반야바라밀다"가 바로 이 일입니다.

"도가 뭡니까?"
"지금 몇 시 몇 분입니다."
"마음이 뭡니까?"
"차 한 잔 하십시오."
"부처가 뭡니까?"
"(책상을 두드리며) 이것입니다."
"선이 뭡니까?"
"이게 돌멩이입니다."
"깨달음이 뭡니까?"
"(죽비를 들면서) 이게 죽비입니다."

이렇게 계속 걸림 없이 말씀을 드리고 머묾 없이 계속 지적을 해 드리는데, 이런 데서 분별을 하거나 머물러 버린다면 이것과는 관계없는 것입니다. 그건 망상입니다. 그러니까 (책상을 두드리며) 이게 한 번 와 닿아야 됩니다. 좌우지간에 이게 한 번 와 닿아야 돼요. 우리는 이것을 계합이라고 그래요. 정확하게 초점이 딱 들어맞아야 비로소 분별이 전혀 필요가 없어요. 무얼 하든지 간에 다 똑같습니다. 똑같이 그저 이 하나일 뿐입니다. 그러니까 눈앞에 무슨 모습이 나타나도 무슨 소리가 들려도 평소에 못 보던 이채로운 일들이 펼쳐진다 해서 다른 일이 있는 게 아닙니다. 모든 경우에 딱 (손을 들면서) 이것 하나가 있을 뿐이고 이것 하나가 확인될 뿐입니다. 그래서 "항상 여여하다", "불생불멸", "불구부정", "부증불감", 이런 식으로도 표현을 하는 것입니다. 반드시 (책상을 두드리며) 이것이 딱 분명해야 되는 겁니다. 그렇지 않으면, 법이 뭔지 모르는 것입니다.

반야바라밀다는 크게 신령스런 주문이요, 크게 밝은 주문이며, 위없는 주문이요, 둘도 없는 주문으로서…

우리는 '주문'이라고 하면, 마술이나 요술을 부리는 것이라고 생각합니다. 그래서 수리수리 마수리, 아제아제 바라아제… 이런 온갖 것을 떠올리는데, "수리수리 마수리" 하든, "아제아제 바라아제" 하든, 뭐라고 하든 다른 일이 있는 게 아니고, 그저 (손을 들면서) 이 일 하나를 드러내고 있을 뿐입니다. 차별되는 경계가 아니에요. 차별 경계가 생긴다면 그건 법이 아니고 차별 경계일 뿐입니다. 우리는 차별 경계를 인식하면, 그런 것이 있다고 여기며 거기에 집착하죠. 우리가 너무 오랫동안 해온 버릇이죠. 중생의 버릇입니다. 그 버릇이 완전히 극복이 안 되면, 법에 들어올 수가 없어요. 그러니까 (책상을 두드리며) 이게 한 번 맞아 떨어져야 합니다. 이건 사실 어려운 게 아닌데, 잘 안 됩니다. 그건 자꾸 우리가 차별 경계를 분별하고 그런 것이 있다고 당연하게 여기기 때문입니다. 그게 바로 집착입니다. 그러면 거기서 벗어나지 못합니다.

"머물지 말고 그 마음을 내라."

육조 스님은 《금강경》의 이 한 마디에 모든 것을 잊어버리고 홀연 이 법 속으로 들어왔다고 하는데, 말은 그렇게 쉽게 하지만, 그게 쉬운 게 아닙니다. 우리는 끊임없이 머물려고 하기 때문에 '머물지 않는다'는 말이 쉽게 수용이 안 돼요. 머무는 게 결국 뭐냐 하면, 이런 게 있구나 하고 당연하게 여기는 겁니다. (책상을 두드리며) 이게 한 번 딱 분명해야 비로소 머묾 없는 법 속에서 걸리지 않고, 머물지 않고, 막히지 않는 겁니다. 걸리지 않고, 머물지 않고, 막히지 않으니까 두려움도 없는 것입니다. 여기 《반야심경》에도 얘기하듯이 마음에 장애가 없습니다. 장애라는 건 걸리고 막히는 거거든요. 마음에 티끌 하나도 걸릴 게 없단 말이에요. "이것은 무엇이다"라고 할 것이 전혀 없단 말입니다. 그렇게 할 티끌 하나조차도 없단 말입니다.

"모든 있는 것을 다 비워 버릴 뿐, 없는 것을 있다고 착각하지 마라. 이 한 마디만 명확하게 수용되면 공부는 끝난 것이다." 이건 방거사의 유명한 말입니다. (책상을 두드리며) 하여튼 이게 한 번 딱 맞아 떨어지면, 이런 것 저런 것, 있다 없다, 그런 장애가 사라져 버리고 걸림이 없습니다. 뭘 하든지 그냥 하는 일 그 자체로서 그냥 이것일 뿐입니다. 아무런 격식이 없습니다. 이것이 법이다 아니다, 진실이다 거짓이다, 옳다 그르다, 깨달았다 못 깨달았다, 이런 어떤 차별도 없습니다. 아무런 차별도 없습니다. 그냥 언제든지 이 일입니다. 그냥 이것뿐입니다. 위에서 "반야바라밀"을 표현하는 말이 나왔었죠? "얻을 게 없다"라고요. 그러니까 공부를 해서 뭔가를 얻었다고 하면 그건 망상이지 법이 아닙니다. 어떤 경지를 얻었다, 어떤 능력을 얻었다, 어떤 지혜를 얻었다, 전부 망상입니다. 얻고 잃고 하는 것이 아니고, 원래 이것뿐입니다. 안과 밖이 없고, 나와 세계라는 게 없고, 원래 전부 다 이것뿐입니다. 그래서 "삼계유심 만법유식"이라고도 표현하는 겁니다.

"삼계유심 만법유식." 이 뒤에 무슨 말이 생략되었는지 아십니까? "유식무경(唯識無境)"입니다. 온갖 경험을 다 하는데, 그런 것이 있다고 얘기할 수는 없단 말이에요. 그게 항상 불교에서 말하는 "만법(萬法)에 자성(自性)이 없다"는 것입니다. 하여튼 (책상을 두드리며) 이게 한 번 분명해져야 됩니다. 이것은 어떤 경험을 하고 체험을 하느냐의 문제가 아니고, 여법해지느냐 하는 것이 문제입니다. 여법하다는 말은 법과 똑같아진다는 말인데, 법답게 된다는 말이죠. 초점이 딱 맞아떨어져서 이런 저런 경계가 따로 없어야 되는 것입니다. 이 공부를 하면서 여러 가지 경험을 하는 분들은 많으시지만, 여법하다고 얘기할 수 있는 사람은 극히 드물어요. 대부분 이런 게 있고 저런 게 있고 하는 격식에 걸려 있어요. 그러니까 공부가 확실하게 끝장이 나지 않고, 어중간한 데 걸려 있는 겁니다.

"반야바라밀다는 크게 신령스런 주문이요." "반-야-바-라-밀-다-", 이게 분명하면, 반야라 하든 바라밀다라 하든, 마이크라 하든 시계라 하든 컵이라 하든, 입 다물고 가만히 있든 눈을 깜빡깜빡 하든 책상을 두드리든, 여기서 명확해서 이러쿵저러쿵 할 것이 아무것도 없습니다. 무슨 일이 있든 없든 아무 차별이 없습니다. 알든 모르든 자든 깨어 있든 아무런 차이가 없어요. 걸릴 것이 없단 말입니다.

언제부터인가 '오매일여(寤寐一如)'라는 말에 대해 사람들이 많이 고민하고, 공부의 시금석이 되어 왔습니다. 잘 때나 깨어 있을 때나 한결같이 이런 것이 있다는 그런 뭔가가 따로 있다면, 그건 오매일여가 아니고 망상하고 있는 겁니다. 마음을 깨끗한 거울이나 수정구슬에 비유를 하죠. 그 거울이나 수정구슬에 티가 하나 붙어 있으면, 캄캄할 때도 그 티가 붙어 있고, 하늘을 비출 때도 뭔가가 있고 땅을 비출 때도 뭔가가 있는 것 같습니다. 그것은 거울에 붙어 있는 티입니다. 옥의 티라고 그러잖아요. 말하자면 오염된 물질이지 거울 그 자체는 아닙니다. 그런데 우리는 오해를 많이 해요. 그런 뭔가가 있어야 되는 것처럼, 변함없는 뭔가가 있어야 되는 것처럼 말이에요. 여기서 제가 변함없다고 하는 것은 "그런 게 있다"는 말이 전혀 아닙니다. 하나라도 변함없는 정신적인 뭔가가 있다면, 그건 이 법하고는 아무 상관이 없습니다. 그냥 망상인 것입니다.

이렇게도 얘기할 수가 있어요. 그 거울이라는 것도 안 그렇습니까? 밝은 빛이 앞에 있으면 거울에 밝은 빛이 나타나고, 문을 닫아서 빛이 없으면 거울에도 빛이 없어요. 고정된 모습은 없습니다. 그런데 우리는 "이런 게 거울이다" 하는 고정된 관념을 가지고자 합니다. 그게 바로 중생심이고 분별심이고 집착심인 것입니다. 하여튼 (책상을 두드리며) 이런 말 저런 말, 있다 없다, 맞다 틀리다, 주인공이다 손님이다, 이런 일체의 차별이 소멸하고, 뭘 하든지 똑같아야 됩니다. 똑같으면 있는 것도 아니고 없는 것도 아닙니다. 커튼이 열리면 모든 것을 비추고 커튼이 닫히면 아무것도 안 비춥니다. 그래도 거울엔 아무 변화가 없습니다. 인도 사람은 거울이라는 표현보다는 허공이라는 표현을 썼어요. 해가 뜨면 허공 속에 모든 모습이 나타나지만, 해가 지고 달도 없으면 그 허공 속에 있는 모든 모습은 자취를 감춥니다. 그러나 허공이 무슨 차별이 되는 건 없습니다.

하여튼 (책상을 두드리며) 이 일입니다. 이게 분명해야 된다고요. 허공이니 거울이니 하는 건 하나의 사물에 비유를 든 것이지 마음이 있다는 건 아닙니다. 반드시 여기서 이게 한 번 딱 맞아떨어져야 비로소 뭘 하든지 이런저런 일이 없어요. 거울, 마니주, 수정구슬, 허공은 다 하나의 비유입니다. 사물을 들어서 비유를 든 것이지 법이 거울이고 수정구슬이고 허공이라는 말은 아닙니다. 하여튼 이 일이 분명해야 됩니다. 뭘 하든지 안팎도 없고, 있는 것도 아니고 없는 것도 아니고, 사람도 아니고 사물도 아니고, 주관도 아니고 객관도 아니고, 그냥 이 일 하나입니다. 아무런 차별 없이 다만 이 하나란 말입니다. 아무런 차별 없이 언제든지 이 일입니다. 이 하나의 일입니다. "뭐요?" 하면 "돌멩이요", "죽비요", "뜰 앞의 잣나무요", "시계요", "컵이요", "이거요" 하는 것이지 이것에 이름을 붙이고 개념으로 얘기할 수는 없습니다. 이 일입니다. 이 한 개가 분명해야 되는 것입니다. 이것뿐이에요. 이것에 딱 들어맞기가 쉽지는 않습니다. 그렇다고 의식적으로 생각을 가지고 맞출 수도 없습니다. 그렇게 하는 것은 유위법(有爲法)이죠. 유위법으로는 절대로 안 됩니다. 단지 여기에 관심을 가지고, 늘 여기에 마음을 두고, 바른 가르침에 귀를 기울이다 보면, 자기도 모르는 사이에 저절로 딱 맞아떨어질 때가 있는 것입니다.

"반야바라밀다는 크게 신령스러운 주문이요, 크게 밝은 주문이다." "크게 신령스럽다"는 것은 걸림이 없고 막힘이 없다는 뜻이고, "크게 밝다"는 것도 똑같이 걸림이 없고 막힘이 없다는 것입니다. 항상 미혹되지 않고, 속지 않고, 헤매지 않는다는 거죠. 《육조단경》에 보면, 정혜(定慧)를 얘기할 때 이렇게 얘기를 합니다. '정(定)', 선정(禪定)이라는 것은 마음에 헐떡임이 없는 것, 마음이 안정되어 들떠 있지 않는 것입니다. 그러면 '혜(慧)'는 뭐냐? 우리는 보고 듣고 느끼고 알고 이런 온갖 일들을 경험하게 되는데, 어떤 인연들을 만나서도 거기에 속지 않는 것, 거기에 끄달리지 않는 것, 그것이 '반야'이고 '지혜'라고 했습니다. 여기서는 '밝은 주문'이라고 했는데, 이게 분명하면, 항상 밝고 항상 분명하고 항상 뚜렷해서 속는 일이 없습니다. 늘 이 일 하나뿐이란 말이에요.

그러니까 《달마혈맥론》에 나오듯이 눈앞에 부처가 나타나든 보살이 나타나든 귀신이 나타나든 도깨비가 나타나든, 아무 차이가 없다는 것입니다. (책상을 두드리며) 이 일 하나란 말이죠. 우리는 뭐라도 보이고 인연을 만나기만 하면, "어, 이런 것도 있구나" 하고 분별을 해서 거기에 끌려가 버립니다. 그것이 중생의 습(習)입니다. (책상을 두드리며) 이게 분명해야 어떤 경계가 나타나든지 아무 상관이 없어요. 아무 일이 없다고요. 이게 분명해야 어떤 경계가 나타나든지 아무 차이가 없습니다.

"중생이 자기를 잃어버리고 사물을 좇는다"라는 말이 있잖아요. 이 말은 나타나는 경계를 분별해서 이런 게 있고 저런 게 있구나 하는 그런 경우를 두고 한 말입니다. 이게 분명하면 '나'와 '경계'라는 차이가 없습니다. "중생이 자기를 잃어버리고 사물을 좇는다"라는 것은 어떤 스님과 거사 사이의 대화에서 나온 말입니다. 비오는 날이었어요. 둘이서 방 안에 앉아서 차를 마시고 있었는데, 처마에서 낙숫물이 뚝뚝 떨어지니까 물방울 소리가 "퐁퐁" 날 거 아닙니까? 그러니까 스님이 차를 마시다 말고 거사한테 "저게 무슨 소리요?" 하니까, 그 거사가 "처마에서 빗물 떨어지는 소립니다" 그러니까 스님이 있다가 "중생이 자기를 잃어버리고 사물을 좇아가는구나"라고 했다고 그래요. 《전등록》에 나오는 얘기입니다. 가르침을 주려고 그런 하나의 틈을 보아서 그런 얘기를 한 것이겠죠. 그렇다고 빗방울 밖에 '나'라는 것이 따로 있는 게 아닙니다. 빗방울 소리를 무시하고 나를 찾으라는 말이 아니란 말입니다. 낙숫물 소리 밖에 내가 있는 것도 아니고, 안에 내가 있는 것도 아닙니다. 말하자면 낙숫물 소리와 내가 둘로 나누어져 있는 것도 아니고 하나로 합쳐져 있는 것도 아니에요. 그냥 "퐁" 하는데, 어떤 차별도 없이 "퐁" 하는 소리가 온 우주를 뒤덮어서 이런저런 차별이 없습니다. 전부가 이것 하나란 말입니다. 그래서 안팎이 없어진다고 얘기를 하는 거죠.

"크게 밝은 주문이다." "크게 밝다"고 하는 것은 모르는 게 없다, 한결같이 다른 일이 없다, 끊어짐이 없다고 말할 수도 있고, 늘 여여해서 다른 일이 없다고 표현할 수도 있습니다. 언제든지 이 일입니다.

"도가 뭡니까?"
"날씨도 추운데 어떻게 지내십니까?"

"이런 것이 도다"라고 한다면 이것과는 아무 상관이 없습니다. 도라는 이름으로 지적할 수 있는 뭔가가 있으면, 그건 망상이지 도가 아닙니다. 마음이라는 이름으로 "마음은 이런 것이다"라고 할 뭔가가 있으면 그건 망상이지 마음이 아니에요. 그래서 이게 분명하면, 무슨 일을 하든지 간에 한결같이 다른 일이 없습니다. 늘 차별 없이, 그저 이 하나입니다. 그러니까 《유마경》에서 "온갖 모습을 잘 분별하는데, 항상 첫째 자리다" 이런 표현을 하죠. 온갖 일들을 다 경험하는데 항상 똑같단 말입니다. 《화엄경》에서 "일즉다(一卽多) 다즉일(多卽一)" 이런 표현을 하죠. (책상을 두드리며) 이 일입니다, 이 일 하나일 뿐입니다. 이런저런 일이 따로 있는 게 아니고, 그냥 이 하나입니다.

"크게 밝은 주문이며 위없는 주문이다." 위도 없고 아래도 없고 앞도 없고 뒤도 없고 왼쪽도 없고 오른쪽도 없어요. 그런 차이가 없습니다. 이게 분명하면 그냥 무얼 하든지 이것뿐입니다. 사물을 가지고는 위아래를 얘기할 수 있죠. 그러나 법에는 아래위가 없습니다. 1층이라 해도 이것이고 2층이라 해도 이것입니다. 과거·현재·미래? 법에는 그런 것이 없습니다. 과거도 없고 현재도 없고 미래도 없습니다. 법에는 시간이라는 개념이 없어요. 시간 속의 얘기를 하고 있느냐, 시간 밖의 얘기를 하느냐, 이런 말도 하는데, 시간은 분별인 것입니다.

"위없는 주문이요." 다른 게 아니고 (손을 들면서) 이것을 가리킵니다. 지금 (손을 들면서) 이게 분명하면 되지, 말뜻을 가지고 헤아리고 이러쿵저러쿵 분별하는 것은 이것과는 상관없습니다. 당장 여기서 이런저런 분별이 몰록 다 쉬어지고 모든 차별이 다 소멸하고, 한결같이 다른 일이 없으면 될 뿐입니다. 그러면 뭘 하든지 아무 차이가 없습니다. 늘 이 일입니다. 그러니까 말은 그렇게 하지만, '이 일'이라고 하는 차별되는 일이 있는 건 아니에요. 《금강경》에서 항상 얘기하잖아요. "법은 법이 아니다. 이름이 법일 뿐 법이라는 이름으로 얻을 것이 없다. 법조차도 그런데 법 아닌 것은 말할 것도 없다." 《금강경》에서 딱 그렇게 얘기하잖아요. 색깔로도 여래를 볼 수 없고, 소리로도 여래를 볼 수 없고, 뭐 이런 식으로 얘기가 쭉 나오죠. 그러니까 (책상을 두드리며) 이 일입니다. 그러니까 (책상을 두드리며) 이게 딱 분명해져야지 다른 것은 없어요. 이게 분명해지면 어떤 일이 있어도 아무 차이가 없습니다. 항상 똑같아요. 이것이 밝은 것이고, 이것이 위도 없고 아래도 없는 것입니다. 앞도 없고 뒤도 없는 것이고요. 그래서 모든 차별과 분별이 소멸해서 하나도 걸리거나 막힐 것이 없고, 뭘 하든지 머무는 데가 없습니다. 어떤 틀이라든가 견해라든지 격식도 일절 없고요. '법', '마음', '깨달음', '반야', '이런 것'이라는 것이 조금이라도 들어오면 이것과는 관계없습니다. 무슨 체험을 한 것이 큰 문제가 아닙니다. 지금 내가 아무 데도 걸리지 않을 수가 있느냐? 뭘 해도 한결같아서 전혀 다름이 없느냐? 정해진 격식이 일절 없이 티끌 하나조차도 걸릴 게 없는가? 공부하는 사람들은 이런 관문을 통과해야 돼요. 그래서 (손을 들면서) 이것이 분명해져야 됩니다.

위없는 주문이요, 둘도 없는 주문으로서…

반야심경에서 한자로 '무등등(無等等)'이라 했어요. '시무등등주(是無等等呪)'… '등(等)'은 같을 '등'자이니까 같은 게 없다, 짝이 없다는 뜻이죠. 말하자면 상대자가 없다는 겁니다. 옛날에 도를 물을 때 하던 질문이 있습니다. "만법과 짝하지 않는 자는 어떤 자입니까?" 이 말은 만법이 저기 있고 내가 여기 있고, 이런 식으로 분별하지 않는 자는 어떤 자냐는 뜻입니다. 법을 물을 때 "도가 무엇입니까?" 하고 묻는 것과 똑같습니다. '무등등'이라는 것도 같은 것이 없다, 두 번째가 없다는 뜻이죠. 항상 한결같이 이 일이다, 이 하나의 일이다, 끊어짐이 없다고도 얘기를 하죠. (책상을 두드리며) 이 일입니다.

"도가 뭐요?"
"몇 시 몇 분이요."
"마음이 뭡니까?"
"마이크요."
"부처가 뭡니까?"
"이게 돌멩이요."
"깨달음이 뭡니까?"
"이건 죽비요."
"선이 뭡니까?"
"차 한 잔 하십시오."

(책상을 두드리며) 이게 스스로에게 한 번 딱 맞아떨어져야 됩니다. 그러면 항상 이 일뿐이지 이런저런 차별이 없고 늘 이 일 하나입니다.
"둘도 없는 주문이다." 두 번째가 없는 주문이다, 짝이 없는 주문이다, 이런 게 있고 저런 게 있는 것이 아니란 말입니다. 이것이 분명해져야 됩니다. 하여튼 이게 딱 맞아떨어지면 모든 일이 그야말로 세상 일이 한결같이 똑같아요. 무얼 하든지 똑같은 일이에요. 이것 하나입니다.

말은 "이 일이다"고 하지만, 이게 무슨 일이냐? '무슨 일'이라는 것은 없어요. 차 마시고 시계 보고 말하고 죽비 치고 밥 먹고 물마시고, 뭘 하든지 간에 똑같이 이것 하나뿐입니다. 물을 마시는데 물을 마시는 일이 있느냐 없느냐? 그런 문제가 아니란 말입니다. 언제든지 그저 이것 하나뿐입니다.

하여튼 이것을 부처님법, 불도(佛道)라고 표현을 하는데, '부처님법'과 '불도'라는 그런 것이 있는 게 아닙니다. 우리가 망상하고 분별하고 집착하는 그런 습(習)이 완전히 조복이 되면 저절로 분명해집니다. 이건 뭐라고 표현할 수 있느냐? 이쪽도 아니고 저쪽도 아니고, 있는 것도 아니고 없는 것도 아니고, 색도 아니고 공도 아니고, 어떤 것이라고 정할 수가 없는데 모든 것이 여기에 다 나타납니다. 색을 여기서 얘기할 수도 있고, 공을 얘기할 수도 있고, 있다고 할 수도 있고 없다고 할 수도 있지만, 이것은 있는 것도 아니고 없는 것도 아니에요. 있다고 해서 있는 게 아니고 없다고 해서 없는 게 아니고, 색이라 해서 색이 아니고 공이라 해서 공이 아닙니다. 그래서 정확하게 초점이 맞아떨어져야 한다고 얘기를 합니다. 말을 하는데 말이 없습니다. 생각을 하는데 생각이 없다니까요. 그래서 《신심명》에서는 "있는 게 없는 것이고, 없는 게 있는 것이다(無卽是有 有卽是無)"라고 표현을 했는데, 옛날에 흔히 하는 말이 있잖아요. 부처님이 돌아가시기 전에 "내가 45년 동안 설법을 했지만, 나는 한 마디도 한 적이 없다"라고 한 말이라든지, "법은 얻을 것도 없고 버릴 것도 없다"는 말이라든지. 이게 분명하면 그냥 바로 이것입니다! 그러니까 판단도 생각도 필요가 없습니다. 이 일이에요. 그냥 분명한 것입니다. 마치 물 속에 있는 물고기가 어디를 가든지 똑같이 물일 뿐이듯이, 온 우주 전체가 하나의 법일 뿐입니다. 하나의 불국토입니다. 아무런 차별이 없어요. 언제든지 이 일뿐입니다.

이걸 일러서 불교에서는 '중도(中道)'라 합니다. 중도라는 말은 이쪽도 아니고 저쪽도 아니라는 겁니다. 있는 것도 아니고 없는 것도 아니고, 중도는 그렇게 표현할 수가 있습니다. 나가르주나는 '팔불중도(八不中道)'라는 말을 썼는데, 오는 것도 아니고 가는 것도 아니다, 있는 것도 아니고 없는 것도 아니다, 살아 있는 것도 아니고 죽어 있는 것도 아니다… 이런 식으로 표현하고 있습니다. (손을 들면서) 이것을 억지로 표현하는 것이죠. 말하자면 하나의 방편입니다. 불교 이전에도 이 비슷한 말이 있습니다.《우파니샤드》라는 책에 보면 그렇게 되어 있어요. '나치케타'라는 이름을 가진 청년이 있는데, 이 청년은 불멸의 진리를 알려고, 그걸 목적으로 삼고 온 데를 다 헤매고 다녔습니다. 마지막에 죽음의 신을 만났는데 진리를 가르쳐 주면 내 목숨을 내놓겠다고 했습니다. 그러면 결국 그 진리가 뭐냐? 그 진리는 딱 한 마디입니다. "아니다, 아니다." 그 한 마디입니다. 쉽게 말하면 "이것도 아니고, 저것도 아니다"는 말입니다. 그게 마지막 진리입니다.《우파니샤드》에는 그 이상의 진리는 나타나지 않습니다. 그게 마지막 진리입니다. 그래서 "이것이다"라고 하거나 "저것이다"라고 하거나 무엇이라고 하든 "이런 것이 진리다"라고 하는 그런 뭔가가 있기라도 하면, 그건 아니란 말이에요. 결국《우파니샤드》에서 말하는 궁극적 진리라는 것은 '무주법(無住法)'을 얘기하고 있는 것입니다. 확실하지는 않지만 그렇게 나오고 있습니다. 딱 그 한 마디인데, 계속 질문을 합니다. "이것입니까?" "아니다." "저것입니까?" "아니다." 계속 부정을 해요. 그러니까 "아니다, 아니다"로 끝나는 거예요. "그런 뭡니까?" "그런 게 아니다." 그것으로 끝납니다. 《우파니샤드》의 대화는 죽 그렇게 되어 있습니다. 사실은 중도를 얘기하고 있는 것이죠. 이런 것이다 저런 것이다, 우리는 그렇게 차별해서 분별하고 싶어 하지만, 그건 전부 망상입니다.

모든 고통을 잘 없애며, 진실하여 헛되지 않다.

뭔가가 있기만 하면 그건 고통이 됩니다. 가로막히게 되고 집착이 되고 망상이 됩니다. "모든 고통을 잘 없애며, 진실하여 헛되지 않다." 오직 진실한 것은 있는 것도 아니고 없는 것도 아닌 이 하나입니다. 뭐가 있다고 해도 진실하지가 않고, 없다고 해도 진실하지가 않습니다. 상대적인 말은 진실한 게 아닙니다. '있다, 없다'도 상대적인 거죠. 그러니까 상대적인 것은 진실함이 없어요. 그래서 중도라는 표현을 쓰는데, 상대가 없다는 말이에요. 아까 "만법과 짝하지 않는다"는 말과 같은 말입니다. 상대적이지 않다는 겁니다. 상대가 없기 때문에 '불이(不二)', 둘이 없다고 표현을 하죠. 그래서 항상 '불이중도(不二中道)'라 합니다. 둘이 없습니다. 뭘 하든지 이것이 다입니다. 이것뿐입니다. 안이냐 밖이냐, 주관이냐 객관이냐, 있느냐 없느냐? 그건 다 둘이죠, 상대적인 말입니다. 이것과는 관계가 없단 말입니다. 그래서 "진실하여 헛되지 않다"는 말은 상대를 떠난 말입니다. 상대적이지 않아요, 언제든지 이 하나입니다.

따라서 반야바라밀다의 주문을 이렇게 말한다 : 아제아제 바라아제 바라승아제 모지사바하.

이것도 산스크리트어를 음역한 것인데, 뜻은 있어요. 뜻은 있지만, 우리가 뜻을 생각할 필요는 없습니다. "아제아제 바라아제 바라승아제"가 반야바라밀다와 같은 말입니다. "가자 가자, 저 피안으로 가자" 아마 그런 뜻일 것입니다. 정확하게 기억은 안 나는데. '바라밀'은 '도피안(到彼岸)', 피안으로 건너간다는 뜻이거든요. 그렇지만 뜻하고는 관계없어요. 그냥 "아제아제 바라아제 바라승아제 모지사바하"라고 말하든, 원래의 산스크리트어인 "카테카테 파라카테 파라상카테 보디스바하"로 읽든지 상관이 없단 말입니다. 시계라 하든 컵이라 하든 아무 상관이 없단 말입니다. 부처라 하든 중생이라 하든 상관이 없습니다. 이름, 발음, 뜻, 이런 건 아무 상관이 없어요. 어떻게 하든지 간에 똑같은 일입니다. 이 일 하나뿐입니다. 또 거울에 비유를 하자면, 거울에 무엇을 비추든지 비춰지는 모양이 거울과 무슨 상관이 있습니까? 거울이 꽃을 비추든 돌멩이를 비추든, 거울이 꽃이 되고 돌멩이가 되는 것도 아니고 그게 무슨 상관이 있냐고요? 아무 상관이 없는 것입니다. 그런 것과 마찬가지입니다.

"반야바라밀다"라 하든지 "주문"이라고 하든지 "아제아제 바라아제 바라승아제 모지사바하"라 하든지, 그러니까 "아―" 이 한 마디가 딱 분명하면, 그 다음에 무엇이라 하든지 전부가 이 일입니다. 이 하나일 뿐인 겁니다. 다른 것이 있는 게 아닙니다. '아'도 아니고 '아' 아닌 것도 아니고, 있는 것도 아니고 없는 것도 아니고, 색도 아니고 공도 아니고, "아―" 여기서 모든 차별이 싸악 소멸하고, "아―" 한 마디가 온 천지와 똑같습니다. 이게 딱 분명하면, 돌멩이라 하든지 죽비라 하든지 밥 먹

자고 하든지 가만히 있든지 똑같습니다. 아무 걸릴 것이 없이 전부 이 일입니다. 죽비를 보고 부처님이라 하든, 부처님을 보고 죽비라 하든 그게 무슨 상관입니까. 안 그렇습니까? 죽비를 가지고 돌멩이라 하고, 돌멩이를 가지고 죽비라 말하든 아무 상관없잖아요. 다만 세속에서는 약속을 하기를 (돌멩이를 들면서) 이것은 돌멩이라 하고, (죽비를 들면서) 이것은 죽비라 하자고 약속을 해놓았으니까 약속대로 그냥 부를 뿐이죠. 그건 그냥 우리가 분별로써 약속한 걸 그렇게 얘기하는 것이지, 분별이 아니고 법의 본질을 얘기하는데, 돌멩이라고 이름 붙이든지, 죽비라 이름 붙이든지, 그걸 바꿔서 부르든지, 그게 무슨 상관이 있습니까? 아무런 차이가 없는 겁니다. 세속에서 우리가 이름을 가지고 약속한 거기에 매여 있으면 법을 알 수가 없습니다. 그냥 거기에 매여 있어야죠. 그건 분별입니다. 분별에 매여서 법을 추구하면 될 수가 없는 겁니다.

하여튼 (책상을 두드리며) "딱" 하고 분명해져야 됩니다. 그러면 어떤 이름이 있든 없든, 어떤 소리가 있든 없든, 어떤 모습을 보든 보지 않든지 아무 차이가 없어요. 항상 똑같습니다. 항상 이 하나뿐이죠. "이게 도다, 이게 법이다" 하고 머물러 있을 자리가 없어요. "여기가 근본이다", "이게 깨달음이다", "이게 도다", "이게 불성이다" 하고 머물러야 할 자리가 있고, 지켜야 할 불성이 있고, 지켜야 할 깨달음이 있고, 세간과는 차별되는 법이라는 게 따로 있다면, 그걸 우리가 뭐라고 합니까? '법진번뇌(法塵煩惱)'라 합니다. 이 말은 "머리 위에다 머리를 얹는다"고 표현을 하고, 또 옛날 선에서는 "부처 노릇 하려고 그런다"고 합니다. "부처 노릇하고 싶으냐?"는 것은 욕하는 말입니다. 망상, 부처라는 도깨비 노릇하고 싶으냐는 것입니다. (책상을 두드리며) 그냥 이것뿐인데, 여기서 부처 노릇도 할 수 있고, 중생 노릇도 할 수 있고, 뭐든지 다 할 수 있습니다. 마음만 먹으면 뭐든지 다 할 수 있습니다. 그것을 임제 스님은 무엇에 비유했습니까? 옷 갈아입는 것에 비유했어요. "나는 부처 옷도 입을 줄 알고, 보살 옷도 입을 줄 알고, 중생 옷도 입을 줄 알고 다 입을 줄 알아. 그러나 나 자신은 원래 아무 옷이 없어." 그런 식으로 얘기를 하죠. (책상을 두드리며) 이 일입니다. 이게 분명해져야 됩니다. 이게 분명하면 아무것도 걸릴 것이 없어요. 모든 것이 여기서 다 수용이 되고 아무것도 걸릴 게 없습니다. 모든 일이 똑같아요. 그냥 이 일 하나뿐입니다. (딱! 딱! 딱!)

禪으로 읽는 반야심경

초판 1쇄 발행 2011년 9월 24일
    3쇄 발행 2025년 3월 6일

지은이 김태완

펴낸이 김윤
펴낸곳 침묵의 향기
출판등록 2000년 8월 30일, 제1-2836호
주소 10401 경기도 고양시 일산동구 무궁화로 8-28,
    삼성메르헨하우스 913호
전화 031) 905-9425
팩스 031) 629-5429
전자우편 chimmukbooks@naver.com
블로그 http://blog.naver.com/chimmukbooks

ISBN 978-89-89590-24-8 03220

* 책값은 뒤표지에 있습니다.